Tatjana Brandl

(M)eine Familiengeschichte-anstrengende Jahre

Tatjana Brandl

(M)eine Familiengeschichte-
anstrengende Jahre

Auf der Suche nach dem Glück

Familienbande

Impressum / Imprint
Bibliografische Information der Deutschen Nationalbibliothek: Die Deutsche Nationalbibliothek verzeichnet diese Publikation in der Deutschen Nationalbibliografie; detaillierte bibliografische Daten sind im Internet über http://dnb.d-nb.de abrufbar.

Bibliographic information published by the Deutsche Nationalbibliothek: The Deutsche Nationalbibliothek lists this publication in the Deutsche Nationalbibliografie; detailed bibliographic data are available in the Internet at http://dnb.d-nb.de.

Coverbild / Cover image: www.ingimage.com

Verlag / Publisher:
Familienbande
ist ein Imprint der / is a trademark of
OmniScriptum GmbH & Co. KG
Heinrich-Böcking-Str. 6-8, 66121 Saarbrücken, Deutschland / Germany
Email: info@verlag-familienbande.de

Herstellung: siehe letzte Seite /
Printed at: see last page
ISBN: 978-3-639-62016-0

(M)eine Familiengeschichte – anstrengende Jahre

Auf der Suche nach dem Glück

Inhalt

1 Vorwort

Da ich in meinem eigenen Leben und auch, durch viele Fremderfahrungen immer wieder auf kleine und große „Familiendramen“ gestoßen bin, hoffe ich mit diesem Buch einen „Leidensgenossen“, Trost und Stütze für harte Zeiten im Familienleben geschaffen zu haben.

Oft fühlt man sich während solchen schwierigen Situationen überfordert und alleine, manchmal hat man das Gefühl den Halt unter den Füßen zu verlieren und weiß nicht mehr weiter.
Dieses Buch geht durch sehr schwierige Zeiten eines Familienlebens und soll zeigen, dass es trotz vieler Abstürze auch immer wieder Aufschwünge gibt. Jede Tür, die sich schließt, öffnet in diesem Moment auch eine andere Tür, also können wir unsere Erfahrungen dazu nutzen, neue Wege zu gehen. Die Aufgabe dabei besteht darin, die geöffnete Tür zu finden und den Mut zu haben durch diese zu gehen. Manchmal finden wir dort absolutes Neuland, welches uns neue Perspektiven eröffnet. Es gehört sehr viel Überwindung dazu, sich neuen Aufgaben zu stellen, doch das ist es, was das Leben so spannend und lebenswert macht.
Jeder hat das Recht auf ein zufriedenes und glückliches Leben, aber manchmal ist es gar nicht so einfach den Glauben an ein solches nicht zu verlieren.

Dadurch, dass ich in meinem Leben oftmals schwierigen Menschen begegnet bin und deren Verhalten nicht verstehen konnte, dann später mit meinem eigenen Burn-Out und psychischen Problemen meiner Tochter konfrontiert wurde, ging ich den Weg in die Ausbildung zur Psychotherapeutin. Diese Ausbildung hat auch mir persönlich immer wieder in Krisensituationen geholfen, diese zu verstehen und für mich zu analysieren und so besser mit sämtlichen Belastungen klar zu kommen. Ich möchte gerne Menschen, denen es genauso geht, wie es mir ging beistehen und ihnen zeigen:

„ Du bist nicht alleine mit Deinen Problemen!“

Das Leben geht immer irgendwie weiter und auch der schlechteste Tag geht irgendwann zu Ende.

Mein Ratschlag:

„ Lebe die schönen Momente intensiv und achtsam und tanke so die Energie und die Kraft, die Du für die schwierigen Phasen benötigst. Du darfst auch mal guten Gewissens traurig sein und weinen, das entlastet und macht die Sicht für die Zukunft wieder klarer.“

(M)eine Familiengeschichte – anstrengende Jahre

Auf der Suche nach dem Glück

2 Hier und Jetzt

Es ist Samstagmorgen 11:15 Uhr und ich sitze hier und fange an, von meinem Leben zu erzählen, ich habe das schon lange vor, doch mir hat meistens die Zeit gefehlt.

Ich hab mal wieder keinen Antrieb, das Leben beutelt mich irgendwie immer wieder obwohl ich schon so oft und lange versucht habe dem zu entkommen. Ich denke oft positiv und manchmal hilft es auch, es ist nicht immer alles schlecht. Aber die guten Phasen kosten verdammt viel Energie und Kraft und nur mit positivem Denken ist es leider nicht getan.

Heute ist der 4. Januar und ich blicke auch auf ein erfolgreiches letztes Jahr zurück, doch im Großen und Ganzen hab ich viele Ziele (noch) nicht erreicht.

Ich heiße Jana und bin 44 Jahre alt, habe eine Tochter Jasmin, 20 Jahre aus erster Ehe und einen zweiten Ehemann Michael, auch 44 Jahre alt. Wir haben vor fünf Jahren geheiratet.

Heute ist wieder einer dieser Tage an dem ich das Gefühl habe, das Meiste in meinem Leben falsch gemacht zu haben. Ich habe auf der Suche nach einem zufriedenen, glücklichen und erfüllten Leben viele Fehlentscheidungen getroffen und frage mich manchmal: WARUM?
Kommt vielleicht alles sowieso so, wie es kommen soll? Was kann ich wirklich beeinflussen und was nicht? Gibt es sowas wie Schicksal? Bestimme ich mein Leben wirklich selbst?

Michael habe ich nach nur einem Jahr Partnerschaft geheiratet, ich dachte wirklich diesmal sei es der Richtige, schien auch alles gut zu passen. Nur Jasmin machte uns immer mal wieder das Leben schwer, aber Michael ertrug alles und ich dachte: Das muss Liebe sein. Als Jasmin dann noch den Spruch brachte: „Ich nehme diese Partnerschaft erst ernst, wenn ihr verheiratet seid." Dachte ich alles wird dann gut und sie akzeptiert ihn. Dieser positive Gedanke entpuppte sich leider als falsch. Ich muss mir diese Gutgläubigkeit auch oft genug von Michael vorhalten lassen, seit fünf Jahren.

---

3 Wie alles begann

Unsere Hochzeit war wirklich schön, es war ein unvergesslicher Tag, genau so wie es sein sollte. Damals konnte ich mein Glück kaum fassen, doch ich war der Meinung dass auch ich mal Glück verdient hatte und Michael sowieso. Es war ein wunderschöner Oktobertag, sonnig, blauer Himmel, am Nachmittag zeigte das Thermometer 20 Grad. Es war ein herrlicher Tag und eine sehr schöne standesamtliche Trauung in einem alten umgebauten Backhaus, welches sich direkt neben meinen Elternaus befand und irgendwann umgebaut wurde. Als das Haus vor längerer Zeit zum Verkauf stand, hatte ich sogar überlegt es zu kaufen und umzubauen, doch es war leider zu renovierungsbedürftig, also ließ ich es damals. Als ich dann vor vielen Jahren hörte, dass man hier heiraten kann, war mir klar, wenn heiraten, dann hier. Die anschließende Feier im Kreise unserer Familien und Freunde war sehr festlich und wunderschön. Alles war so aufregend und schön.

Ich trug ein cremefarbenes, schlichtes Hochzeitskleid mit kurzer Schleppe und bordeaux farbenen Stickereien und am Dekolleté befanden sich kleine, Röschen. Michael trug einen schwarzen Anzug mit einer bordeaux abgesetzten Weste und Fliege, auch er sah richtig gut aus. Unsere Hochzeitsbilder sind wunderschön geworden.

Wir wohnten zu dieser Zeit in meiner Eigentumswohnung in der Stadt, Michael hatte einen guten und sicheren Job und ich auch. Jasmin ging zur Schule. Wir hatten ein gutes Leben und alles schien zu passen.

Nach der Heirat kehrte dann wieder der normale Alltag zurück. Wir waren glücklich und fingen an, an der Familienplanung zu arbeiten.

Seit der Trennung und Scheidung von Jasmins Vater war für mich eigentlich immer klar gewesen, dass ich nie wieder heiraten werde, bis hierher hatte ich mich auch an diesen Vorsatz gehalten.
Doch als ich Michael kennen lernte, waren wir uns von Anfang an einig, dass wir heiraten wollen. Schon nach den ersten vier Wochen. Ich weiß nicht warum, aber es war gleich eine Vertrautheit und Nähe da, die ich mir nicht wirklich erklären konnte und so deutete ich das als Verbundenheit.
Er war sehr aufmerksam, trug mich auf Händen, beschützte mich und verwöhnte mich in jeder Hinsicht. Ich konnte mich einfach fallen lassen und alles mit ihm teilen, die Gefühle waren herrlich.
Sonst passte auch alles und die Optik war auch sehr ansprechend.
In dieser Glücksphase stellte sich mir nur eine Frage: „ Wieso ist dieser Mann noch frei??? Dieser Prinz, sollte er wirklich für mich reserviert sein???“
Immerhin brachte er keinerlei Altlasten mit, was in diesem Alter von 38 Jahren sehr selten vorkommt. Ich hatte immerhin ein Kind und schon einige Beziehungen durch, die nie zum Happy End geführt hatten.
Doch jetzt war ich an meinem Ziel angekommen!!??
Unser aller Leben sollte ab jetzt nur noch schön werden.

Leider ließ das Mobbing durch Jasmin nicht nach, es wurde immer schlimmer. Manchmal konnte ich nicht verstehen wie Michael das ertrug. Es schien unsere Beziehung lange Zeit nicht zu belasten.

Dann kam eine Phase in der ich gesundheitlich sehr angeschlagen war, ständige Erkältungen, Magenbeschwerden und zu guter Letzt Schlafstörungen bis hin zur Schlaflosigkeit. Dieser Zustand kickte mich aus meinem Beruf als Arzthelferin, den ich sowieso nie erlernen wollte.
Meine Eltern haben damals als ich noch keine 18 war den Lehrvertrag für mich unterschrieben. So bin ich Jahrzehnte lang in diesem ungeliebten Beruf stecken geblieben, bis zu jener Zeit, kurz nach unserem ersten Hochzeitstag.

Jasmin war in der Zeit vorher oft krank gewesen. Sie hatte psychische Probleme, viele Fehltage in der Schule. Oft habe ich sie nur schwer oder gar nicht aus dem Bett bekommen. Das war sehr belastend für mich, wir hatten den gleichen Schul- Arbeitsweg, ich habe sie morgens immer mitgenommen und an der Schule abgesetzt. Das bedeutete für mich, wenn sie zu spät war, war ich es auch.
Jeden Morgen aufs Neue der gleiche Kampf. Warum???
Sie hatte oft Ärger mit ihrem ersten festen Freund und meinte das an mir auslassen zu müssen, als hätte ich nicht genug Stress an der Arbeit gehabt. Jahrelang alleinerziehend, da bleibt einiges an einem hängen. Dauernd die nutzlosen, zermürbenden Diskussionen um sinnlose Dinge, einfach nur Kräfte raubend.

Mein damaliger Job war auch sehr stressig, Assistentin in einem Herzkatheterlabor, also Notfallmedizin vom feinsten. Diese Arbeit war sehr anstrengend, physisch genauso wie psychisch, aber auch sehr interessant und herausfordernd. Ich mochte diesen Job und die Kollegen wirklich gern. Anfangs als ich sie Stelle angenommen hatte, bekam ich richtig Angst, dass ich diesen Anforderungen nicht gewachsen war. Diese Arbeit lernt man nicht so schnell. Die Einarbeitung hatte ein halbes Jahr gedauert, danach kamen dann Bereitschaftsdienste nachts oder am Wochenende hinzu. All das hab ich als Alleinerziehende irgendwie geschafft. Ich war damals wirklich stolz auf mich, dass ich noch so lernfähig war und alle Aufgaben, ob privat oder beruflich, bewältigen konnte.

Nachdem die Probezeit um war und ich einen unbefristeten und sicheren Job im öffentlichen Dienst hatte, traute ich mich sogar meinen Traum von einer eigenen Immobilie wahr zu machen. Als ich mir einige Objekte angesehen hatte, entschied ich mich, nach einigen Verhandlungen, für die Eigentumswohnung in der Stadt. Dort hatte ich mich schon bei der ersten Besichtigung wohl gefühlt und als der Eigentümer nach einigen Wochen Wartezeit meinerseits auf meinen Preiswunsch eingegangen war, gab es kein Halten mehr. Ich kaufte die Wohnung für mich und Jasmin und um ihr später ein sicheres Zuhause zu hinterlassen.

4 Die schwerste Zeit

Als ich diese Stelle angefangen hatte lebte mein Vater noch, er war Jasmins Bezugsperson. Sie hatte bei mir einige Partner kommen und gehen sehen, aber ihr Opi war eine Konstante, die Liebe der beiden war heiß und innig, leider starb er als sie 12 Jahre alt war. Wieder ein Verlust wie so oft, nicht nur sie fühlte sich alleine und verlassen, mir ging es genauso. Er hatte sich, bis er krank wurde viel um Jasmin gekümmert und war immer da für uns. Dann die Diagnose: Alzheimer, ein Schock für die ganze Familie. Sein Zustand verschlechterte sich schnell, sein Verstand schrumpfte rapide, er war nach kurzer Zeit schon nicht mehr der Mensch, wie wir ihn kannten und liebten. Ich besuchte ihn mindestens ein Mal in der Woche, meistens Samstags, danach fuhr ich dann nach Hause und heulte das ganze Wochenende. Erst ließ nur der Verstand nach, später dann auch der Körper. Es folgten immer wieder auch körperliche Zusammenbrüche, bis er dann bettlägerig wurde und total abmagerte. Zum Ende hin habe ich Jasmin gar nicht mehr mitgenommen, wenn ich ihn besuchte. Ein Bild des Jammers. Wir waren alle dabei, als er seinen letzten Atemzug für immer machte. Es war ein Tag im Dezember, er war gerade erst 66 Jahre alt geworden. Ich hatte Bereitschaftsdienst im Krankenhaus. Wie immer wenn es kalt war, wurde ein Herzinfarkt nach dem nächsten eingeliefert. Ich war von 8 bis 20 Uhr am Arbeiten, als ich nach Hause kam war Jasmin schon ganz hektisch. Sie begrüßte mich mit den Worten: „Tante Tina versucht schon den ganzen Tag dich zu erreichen, sie meint der Opi stirbt gleich.“ Ich war wie vor den Kopf geschlagen und rief

Tina, meine Schwester, an. Auch die war ganz hektisch, ängstlich und panisch. Ich erklärte ihr, dass wir sofort kommen würden. Jasmin und ich setzen uns sofort ins Auto und fuhren hin. Als wir ankamen standen meine Mutter und Schwester am Bett meines Vaters. Ich nahm seine Hand und fühlte seinen Puls, die Atmung wurde immer schwerer und ungleichmäßiger. Wir waren um 20.20 Uhr angekommen, um 20.40 Uhr tat er seinen letzten Atemzug, für immer.

Es war als hätte er den ganzen Tag auf uns gewartet und so hatten meine Mutter und Schwester die letzten Stunden auch empfunden.

Jasmin hatte also mit 12 Jahren „ihren Opi" sterben sehen müssen. Eine schreckliche Erfahrung für ein Kind.

Da wir zu dieser Zeit den Hausarzt meines Vaters nicht erreichen konnten, fragte ich bei einem meiner ärztlichen Kollegen nach, was wir jetzt machen mussten. Er erklärte mir, dass wir den Notarzt rufen mussten um den Tod feststellen zu lassen, das müsste sofort nach dem Versterben passieren, da sonst die Staatsanwaltschaft eingeschaltet würde. Also rief Tina bei der notärztlichen Leitstelle an und sagte: „Unser Vater ist gerade gestorben." Nach kurzer Zeit kamen ein Rettungswagen und ein Notarztwagen mit laufendem Martinshorn und Blaulicht angefahren. Das Rettungsteam stürmte durch das Treppenhaus hinauf in das Zimmer, in dem mein Vater in seinem Pflegebett friedlich eingeschlafen war. Da ich schon bei etlichen Reanimationen geholfen hatten, und mein Vater eine Patientenverfügung ausgefüllt hatte, bremste ich den Notarzt und seine Helfer, die Reanimation

nicht durchzuführen, ich erklärte ihnen, dass es nur darum ging, seinen Tod festzustellen und zeigte die Patientenverfügung.
Für meinen Vater war der Tod die Erlösung, für uns Hinterbliebene begann die Zeit des Trauerns und nicht Verstehens. Die Fragen nach dem wieso? Weshalb? Und Warum? Gerade er auf so eine entwürdigende Art von der Welt gehen musste, wurde uns leider nie beantwortet. Wir alle waren wie in Trance. Die Schwestern meines Vaters, die wir noch vor seinem Tod angerufen hatten, kamen leider zu spät, aber sie hatten so noch die Gelegenheit sich von ihm zu verabschieden und taten dieses auch.
Später, als wir immer noch wie in Trance nach Hause fuhren lief im Radio das Lied „Dieser Weg“ von Xavier Naidoo, es begleitete mich sehr lange, ich muss heute noch die Tränen unterdrücken wenn ich es höre.

Jasmin hatte sich in dieser Zeit sehr zurückgezogen, ich kam kaum mehr an sie heran. Durch meine Arbeit hatte ich auch nicht viel Zeit für sie. Wenn ich Wochenenddienste hatte, war sie meistens bei ihrem Vater oder auch mal bei einer Freundin.

Ich war immer nur froh, wenn die Dienste hinter mir lagen und es keine besonderen Vorkommnisse gegeben hatte. Dabei bemerkte ich diese Vorkommnisse auch gar nicht. Später erzählte mir Jasmin dann, dass sie zu dieser Zeit oft mit Alkohol und Drogen in Kontakt gekommen war, doch ich hatte das nie bemerkt. War ich wirklich so eine schlechte und ignorante Mutter gewesen?

Mich plagte mein Gewissen sehr, hatte ich mir doch eingebildet alles und sogar mein Kind im Griff gehabt zu haben. Ich habe ihr vertraut, doch was soll ein so traumatisiertes Kind in so einer harten Zeit tun, wenn die eigene Mutter keine Zeit und Nerven für es hat und selbst am trauern ist?
Leider hatte sie einen Freundeskreis, der gerne experimentierte und sich mit Drogen und Alkohol betäubte. Als ich von diesen Eskapaden erfuhr, versuchte ich sie von diesen Freunden zu lösen, das war ein langer und schwieriger Prozess. Waren doch diese Freunde immer für sie dagewesen. Und Verständnis fand sie dort auch.

Diese Jahre waren für uns beide als Familie sehr stressig. Da ich oft ein schlechtes Gewissen hatte, weil ich so viel arbeiten musste, lies ich ihr immer noch zu viel durchgehen. Ich dachte immer es sei gut, wenn sie sich und ihre Persönlichkeit frei entfalten konnte. Ich glaube im Nachhinein, dass ich sie da sehr überschätzt habe und ich es mir zu leicht gemacht hatte.
Wir haben viele Kämpfe ausgefochten, in denen ich mich oft geschlagen gab. Dafür hatte sie aber viel Vertrauen zu mir und ich konnte mich immer auf sie verlassen. Sie war bis dahin immer gut in der Schule gewesen und kam trotz vielen Schulwechseln immer gut mit, deshalb hatte sie dann auch von der Gesamtschule aufs Gymnasium gewechselt. Sie hatte die Umzüge und die

Schulwechsel, welche natürlich auch den Verlust mancher Freundschaften beinhalteten gut verkraftet, meinte ich jedenfalls.
Irgendwann ließen dann die Leistungen in der Schule nach und sie wechselte wieder auf eine Gesamtschule. Sie suchte sich einen schlechten Freundeskreis aus, halt Kinder deren Eltern mittags auch keine Zeit hatten und die sich selbst überlassen waren, mir taten diese immer Leid und ich versuchte zu helfen, indem die Freunde bei uns schlafen und feiern durften, ich war da einfach zu locker und naiv.
Ich hatte dabei nicht bemerkt, dass ich nicht mal meinem eigenen Kind richtig helfen konnte. Ich habe sie oft sich selbst überlassen und sie dabei überfordert, sie hängte sich dann an Kinder, denen es genauso ging.

Als ich bemerkte, dass manche dieser Freunde auch schon Freundschaft mit Alkohol und Drogen geschlossen hatten, versuchte ich ihr klar zu machen, dass das kein guter Freundeskreis war. Leider sah sie das nicht so, wir hatten viel Streit und ich ging mit ihr sogar zum Jugendamt, um Hilfe zu suchen. Dort hatten wir dann ein gemeinsames Beratungsgespräch, und noch einen Termin zusammen mit ihrem Vater, der mir natürlich wieder für alles die Schuld gab, das konnte er immer gut.
Danach wurde es für kurze Zeit besser. Wir kämpften uns immer weiter durch.

5 Der tiefe Fall

Dann kam die Zeit in der ich gesundheitlich sehr abbaute, kurz nach dem ersten Hochzeitstag. Ich fühlte mich ständig schlecht, krank, kraftlos. Die Arbeit machte mir auch keinen Spaß mehr, dabei hatte genau diese Arbeit und die Kollegen mir in den letzten Jahren so viel Halt und Freude gegeben.
Die meisten Kollegen mochte ich wirklich gerne, wir hatten alle ein sehr gutes Verhältnis, haben uns teilweise auch privat getroffen. Doch in letzter Zeit ließ das alles nach, Kollegen gingen und kamen, das brachte viel Unruhe und schlechte Stimmung ins Team. Keiner hatte mehr richtig Lust, die schlechte Laune wurde zur Belastung für uns alle.
Als ich dann immer öfter krank war, musste ich mir Kommentare anhören wie: „Wenn du keine Lust mehr hast hier zu arbeiten, kündige doch oder geh in eine andere Abteilung."
Oder: „ Jetzt wo du verheiratet bist, hast du es wohl nicht mehr nötig zu arbeiten."

Als ich nach längerer Krankheitszeit wieder zur Arbeit gehen wollte und mich gesund gemeldet hatte, machte ich mich an diesem Tag morgens für die Arbeit fertig. Ich kam aus dem Bad war bereit und wollte losgehen, plötzlich wurde mir ganz elend ums Herz, ich musste mich an den Türrahmen lehen und ohne merklichen Grund fing ich einfach so an zu heulen. Ich konnte mich gar nicht mehr beruhigen, mein Herz schlug bis zum Hals, mir war schlecht, ich konnte wieder nicht zur Arbeit gehen, ich rief die Abteilungsleiterin an und meldete mich doch wieder krank. Das war ein scheiß Gefühl, ich hatte keine Kontrolle mehr über mich in diesem Moment. Meine Kollegin am Telefon sagte nur: „ Das war ja klar, ich gebe das so weiter."

Ich rief dann meine Mutter an um mich auszuweinen. Bei ihr stieß ich auch nicht auf Verständnis, sie meinte nur: „Wenn du so weiter machst verlierst du noch diesen schönen Arbeitsplatz, willst du das? Du musst endlich wieder arbeiten gehen. Wovon willst du leben?"

Das machte die Situation für mich noch schlimmer. Ich hatte das Gefühl am Abgrund meines Lebens zu stehen und ich konnte nichts dagegen tun. Ich war jetzt nur noch traurig, richtig depressiv und fragte mich was ich hier auf der Erde noch sollte, das konnte doch nicht alles gewesen sein? Mir fehlte jetzt jeder Antrieb, ich hatte zu nichts mehr Lust. Wir hatten Karten für Atze Schröder, die verschenkten wir an Jasmin und ihren Freund, ich konnte dort nicht hin gehen. Der arme Michael hatte es schwer mit mir. Ich hatte Angst nie wieder aus diesem Loch heraus zu finden. Ich wollte nicht mehr Auto fahren, ich wollte nicht mehr unter Menschen. Sämtliche Einladungen von Freunden und Familie hatten wir zu dieser Zeit abgesagt. Ich konnte einfach nicht mehr.

Alles war mir zu viel, ich schaffte es kaum mehr den Haushalt in Ordnung zu halten, obwohl ich den ganzen Tag daheim war.

Als ich mich endlich wieder gefangen hatte, einige Wochen später und zur Arbeit erschienen war fragte mein Chef: „Sind sie in Altersteilzeit?". So ging es ständig weiter, unangemessene Kommentare, die mich immer wieder tiefer fallen ließen. Keiner fragte, ob ich vielleicht wirklich nicht konnte und tatsächlich krank war. Es wurde mir von den Kollegen einfach unterstellt, dass ich keine Lust hatte, dabei hätten sie mich besser kennen müssen. Vorher war ich gerne eingesprungen für jeden und hatte oft Dienste übernommen für die Kollegen die krank waren oder Urlaub hatten. Dass mir alle jetzt Unlust vorwarfen verletzte mich sehr.

Daraufhin entschied ich mich, meine Arbeitszeit zu reduzieren. Mir wurde dann von der Abteilungsleiterin nahe gelegt, mich in eine andere Abteilung versetzen zu lassen, da es für das Herzkatheterlabor, in dem bereits andere Teilzeitkräfte beschäftigt waren, nicht tragbar war. Daraufhin schaltete ich den Betriebsrat ein und auf dessen Anraten beantragte ich die Reduzierung von meiner 100% Stelle auf eine 75% Stelle und die Versetzung. Man bot mir dann eine Stelle auf einer Station als Stationsassistentin an, welche ich auch annahm. Vorher war ich immer wieder krank, Magenbeschwerden, Rückenschmerzen, Migräne und psychisch ging es auch immer wieder mehr bergab.

Meine Hausärztin hatte mir bereits vor längerer Zeit geraten ich solle reduzieren. Sie sagte ich hätte einen „Burnout“ und ich dachte nur: „ Ich doch nicht, sowas kriegen nur die anderen, so eine Modediagnose“. Ich war der Meinung, dass die Psyche wegen der körperlichen Beschwerden angegriffen sei und kam nicht auf die Idee, dass die körperlichen Beschwerden von der Psyche kommen könnten. Naja, wer will das auch schon zugeben und wahrhaben?

In dieser Zeit war Jasmin relativ stabil. In der Zeit meiner Krankheitsphasen blieb sie manchmal von der Schule zu Hause um mich nicht allein zu lassen.

Sie hatte Angst um mich. Wenn sie in der Schule war, rief sich mich in den Pausen an um zu fragen, ob alles in Ordnung war. Nach der Schule kam sie immer direkt nach Hause um bei mir zu sein. Ich nahm diese Hilfe gerne an, sonst kümmerte sich auch keiner um mich, außer Michael abends.

Ich fing dann an meinem neuen Arbeitsplatz, der Inneren-Privat-Station und der Nachbarstation, der Neurologie, zu arbeiten. Am ersten Arbeitstag wurde ich von dem Stationsleiter mit den Worten: „Ich weiß nicht was ich mit dir anfangen soll, ich wollte eigentlich Pflegepersonal haben." begrüßt. Das fing ja schon gut an. Ich wurde eingearbeitet und meiner Meinung nach hatte auch alles gut geklappt.

Nach der Einarbeitungszeit auf diesen beiden Stationen rief mich der Stationsleiter zu sich und erzählte mir, dass er jetzt eine Beurteilung über meine Tätigkeit abgeben müsse, bei dem Personalchef. Ich dachte, hatte ja alles gut geklappt, die wird bestimmt gut ausfallen.

Dann eröffnete er mir aber, dass die Beurteilung nicht gut ausgefallen war, und ich fragt warum er mir nicht eher gesagt hatte, dass er nicht zufrieden mit meiner Arbeit war. Daraufhin äußerte er nur, er wollte Pflegepersonal und keine Arzthelferin zur Unterstützung. Ich sagte, dass ich dafür nichts kann.

Arzthelferinnen sind halt billiger, deshalb werden die anstatt von Pflegern eingesetzt.

Einige Tage später rief mich der Personalchef zu sich und teilte mir mit, dass unser Stationsleiter eine sehr schlechte Beurteilung über mich abgegeben hatte. Er meinte ich könnte ja nichts dafür, das wären interne Kämpfe, weil die Stationen Pflegepersonal wollten, aber nur Arzthelferinnen bekamen.
Doch die würden damit nicht durchkommen und den Kampf verlieren.
Er ließ mich die Beurteilung lesen und ich dachte ich sehe nicht richtig. Sinngemäß stand darin, dass ich nicht die geforderten Arbeiten erledigt hatte, mich den Patienten gegenüber nicht angemessen verhalten hätte, und mein Verhalten trotz mehrmaliger Aufforderung nicht geändert hätte. Also ich sei faul, frech und unfähig. Ich war geschockt und sprachlos. Der Personalchef fragte mich daraufhin, ob ich jetzt überhaupt noch auf dieser Station arbeiten wollte und könnte, oder ob ich die direkte Versetzung beantragen wollte. Er würde mich dann ab dem nächsten Tag in einer anderen Abteilung einsetzen. Ich nahm diesen Vorschlag gerne an. Es war dann Wochenende und am Montag sollte ich mich im Personalbüro melden, da würde man mir mitteilen, wo ich dann arbeiten könnte.
Das ging an mein Selbstbewusstsein, da ich immer noch sehr angeschlagen war. Ich versuchte trotzdem optimistisch zu sein. Mir konnte ja nichts passieren, immerhin hatte ich einen unbefristeten Arbeitsvertag im öffentlichen Dienst. Das gab mir eine gewisse Sicherheit. Trotz allem blieb die Frage nicht aus, was jetzt wieder kommt, aber viel schlimmer konnte es ja auch nicht mehr werden.

An diesem Montag wurde ich dann in der internistischen Notaufnahme eingesetzt um eine Kollegin dort zu unterstützen. Es hieß, ich würde dort zusätzlich eingesetzt und deshalb nahm mich die Leiterin gerne an. Die Kollegin, die mich dort einarbeitete war sehr mitteilsam und gesprächig, sie geizte nicht damit, über andere Kollegen herzuziehen. Ich kam gut mir ihr aus, mir war das egal.

Sie konnte alles besser als die anderen, wusste alles über jeden und meinte auch sehr beliebt zu sein.

Sie unterhielt mich den ganzen Tag. Wenn sie Urlaub hatte oder krank war, habe ich sie vertreten und die anderen Kollegen fingen an sich bei mir über sie zu beschweren.

Meine Schwester arbeitete in der Abteilung nebenan und erzählte mir dann irgendwann, dass ich bei dieser Kollegin vorsichtig sein müsste, sie würde alles und jeden in den Dreck treten, sie hätte auch schon über mich hergezogen. Das war mir schon klar, ich hatte auch versucht sie nicht zu nah an mich heran zu lassen. Es war mir auch egal, ich wollte mich nicht in diese Lästereien mit rein ziehen lassen. Diese Kollegin studierte nebenberuflich und wechselte dann in die Controlling Abteilung.

Ihre Stelle wurde dadurch frei und ich hatte mich natürlich um diese Stelle beworben, schließlich war ich ja schon eingearbeitet. Meiner Meinung nach konnte der Abteilung nichts Besseres passieren, und mir auch nicht.

Weil ja alles in so einem großen Betrieb offiziell laufen muss, wurde ich dann zum „Vorstellungsgespräch“ ins Personalbüro eingeladen. Für diese Abteilung war allerdings ein anderer Personalchef zuständig gewesen. Wir unterhielten uns dann und in diesem Gespräch wurde mir dann wieder mittgeteilt, dass man auch in dieser Abteilung nicht mit mir zufrieden war. Komisch, mich persönlich hatte nie jemand kritisiert. Ich hatte auch kaum Krankheitstage und fühlte mich wohl dort, ich kam mit allen gut aus.

Auch dort hätte man lieber Pflegepersonal, wofür ich ja wiederum nichts konnte. Die Leitung dieser Abteilung hatte mich zusätzlich zum Stammpersonal gerne dort beschäftigt, aber nicht anstatt.

Ich fragte, was dann mit mir passieren sollte, irgendwo müsste ja auch ich arbeiten, immerhin hatte ich einen unbefristeten Vertrag mit diesem Krankenhaus. Doch darauf hatte der Personalchef auch keine Antwort. Die Abteilungsleiterin hatte auch kein Bedürfnis mit mir zu reden und schob die Entscheidung auf die Personalabteilung.

Ich war wieder geschockt, fühlte mich verarscht und jetzt auch gemobbt. Alle die Stationen auf denen ich bis jetzt gearbeitet hatte, gehörten zur gleichen Abteilung, hatten also den gleichen Chefarzt und der war damals irgendwie beleidigt, als ich aus dem Herzkatheterlabor ausgeschieden war. Sollte das gemobbe etwa von „ganz oben“ kommen? Oder von meinem ehemaligen Lieblingskollegen, dem leitenden Oberarzt, der laut seiner eigenen Aussage nicht begreifen konnte, das ich einen anderen Mann geheiratet hatte und ihm somit alle Hoffnungen genommen hatte?

Er hatte schon mal eine Kollegin, mit der er angeblich ein Verhältnis hatte, weggemobbt, das hatte ich damals mitbekommen, da hatte er wirklich alles gegeben, bis sie gekündigt hatte.

Ich machte einen Termin bei einem Anwalt für Arbeitsrecht und erstritt mir meinen Arbeitsplatz, an dem ich dann aber nur für ein Jahr befristet eingesetzt wurde. Das kostete wieder viel Kraft, Energie und Gesundheit.

Ich hatte diesen Arbeitsplatz jetzt erstmal für mich, es lief auch gut.

---

6 Jasmins Absturz

Jetzt stürzte Jasmin richtig ab. Sie hatte nachts Albträume, traute sich kaum mehr zu schlafen. Stand manchmal mitten in der Nacht in meinem Schlafzimmer und weckte mich, weil sie Angstzustände und Panikattacken hatte. Sie konnte oft nicht zur Schule gehen und ich nicht zur Arbeit. Schlafstörungen hatten wir jetzt beide und ich öfters wieder Migräne. Ich war ratlos und wünschte mir Psychotherapeutin zu sein um das alles abfangen zu können.

Ich hatte natürlich Angst um meinen erkämpften Arbeitsplatz und das Jasmin den Schulabschluss nicht schaffen könnte. Dadurch baute sich bei uns beiden immer mehr Druck auf.

Ich hatte manchmal die Befürchtung, dass Jasmin einfach keine Lust auf die Schule hatte. Sie war jetzt 16 Jahre alt, mitten in der Pubertät. Wenn sie dann den ganzen Tag geschlafen hatte, war sie nachmittags, abends und vor allem am Wochenende fit und konnte mit ihren Freunden feiern. Sie beteuerte dann immer: „ Am Montag gehe ich wieder zur Schule.“ Ich glaubte das auch eine gewisse Zeit lang.

Michael hatte bis jetzt alles mitgemacht und nie Druck oder Kritik verübt. Mir war die ganze Situation, natürlich vor allem ihm gegenüber, sehr unangenehm und peinlich, immerhin waren wir erst ein und dreiviertel Jahr zusammen und davon ein dreiviertel Jahr verheiratet.

Jetzt mischte er sich dann auch mal ein und war der Meinung, dass Jasmin uns alle verarschte, er fand ich müsse mehr Druck machen und dafür sorgen, dass sie die Schule besucht um den Abschluss zu schaffen. Er sagte, ich sei viel zu locker und müsste sie strenger erziehen, womit er ja nicht Unrecht hatte.

Jasmin ging natürlich am Montag nicht zur Schule, nach jedem durchfeierten Wochenende hatte sie wieder Albträume und Panikattacken. Ich kam in dieser Phase nicht an sie heran, ich konnte machen was ich wollte, alles war aussichtslos.
Das ging eine ganze Zeit lang so weiter, ich machte mir Sorgen und wollte nicht zu viel Druck aufbauen, weil ich Angst hatte, dass der Schuss nach hinten losegehen könnte und sie mir dann noch weniger vertraute.
Dafür erntete ich nur Kritik und Vorwürfe von Jasmins Vater und auch von meinem Mann.
Ich konnte die Reaktionen ja verstehen, aber warum versuchte keiner mich zu verstehen? Mir ging es mit dieser Situation auch nicht gut, doch das interessierte niemanden.

Jasmin hatte nun einen neuen Freund und ich war froh, dass das Auf und Ab, mit dem vorhergehenden Freund, ein Ende hatte. Der Neue war etwas älter und machte einen vernünftigen Eindruck, ich dachte, jetzt würde alles besser, doch da hatte ich mich getäuscht.
Jasmin war auf einmal der Meinung, dass ihr Umfeld Schuld sei an dem Absturz und wollte von unserem Wohnort weg.

7 Neue Pläne

Michael und ich waren schon einige Zeit auf der Suche nach einem anderen Haus in der näheren Umgebung. Er hatte ein Haus auf dem Land von seinen Eltern geerbt, welches aber sehr renovierungs- und sanierungsbedürftig war. Die Häuser in unserer Umgebung waren alle sehr teuer und in einem schlechten Zustand gewesen, deshalb überlegten wir jetzt, sein Haus umzubauen und dorthin zu ziehen. Es lag etwa 20 Km entfernt auf dem Land. Das bedeutete, dass Jasmin sowieso auf dieser Schule bleiben würde und ich auch meinen Arbeitsplatz gut erreichen konnte.

Wir besprachen diese Pläne mit Jasmin und zeigten ihr das Haus, es hatte einen großen Garten und wir planten, für sie das Dachgeschoss auszubauen. Das gefiel ihr und sie erklärte sich damit einverstanden. Wir planten weiter und kündigten den Mietvertrag mit den damaligen Mietern, welche schon 15 Jahre dort wohnten und ca. 70 Jahre alt waren. Das fiel Michael sehr schwer, sie taten ihm sehr leid und die Aktion kostete ihn sehr viel Überwindung. Er fragte Jasmin und mich vorher immer wieder, ob wir uns auch sicher seien und wirklich dorthin ziehen wollten. Wir beide wollten es und ich dränge ihn dauernd zur Kündigung, bis er sich endlich überwinden konnte und diesen Schritt gegangen war.

Wir fuhren jetzt öfter zum Haus, Jasmin fuhr nicht mit, sie blieb lieber mit ihrem Freund daheim. So konnten wir in Ruhe planen. Wir holten uns Angebote von Baufirmen ein, für die Arbeiten, die wir nicht selbst vornehmen konnten und planten die Arbeiten die wir selbst verrichten wollten.

Die Mieter waren sehr verständnisvoll und zogen bald aus, so dass wir endlich anfangen konnten zu wüten. Mir haben Umbauarbeiten immer sehr viel Spaß gemacht, ich hatte bereits mit Jasmins Vater ein komplettes Haus umgebaut und renoviert. Michael ist handwerklich sehr geschickt und ich auch.

Es war schön, ein gemeinsames Ziel zu haben, jede freie Minute kümmerten wir uns um den Umbau.

Wir haben weiter geplant, eingekauft und gearbeitet.

Jasmin hatte keine Lust mitzukommen, manchmal machte sie die Wohnung sauber und meinte, sie komme mit, wenn ihre Räumlichkeiten dran wären. Für mich war das ok, so brachte sie auch keine Unruhe und wir konnten in Ruhe arbeiten.

Michael fand das Verhalten nicht ganz in Ordnung, ich konnte ihn aber überzeugen, dass es so gut war.

---

8 Der nächste Tiefpunkt

Am Arbeitsplatz ging es immer weiter wie gehabt. Ich schlug mich so durch. Es war jetzt Sommer, die Ferien waren vorbei und Jasmin besuchte die 10. Klasse der Realschule. Mit ihr ging es wieder bergab. Nach den Herbstferien sollte der praktische Teil der Realschulprüfung sein, die Vorbereitungen in der Schule fingen jetzt schon an. Jasmin ging es immer schlechter, sie hatte Schlafstörungen und Ängste, Angst vor der Prüfung? Prüfungsstress?
Irgendwann zeigte sie mir ihre Unterarme und erzählte mir, dass sie sich geritzt hatte und dieses ständig tuen würde. Ich hatte mich schon gewundert warum sie auch bei Wärme lange Ärmel getragen hatte.
Ich war geschockt und konnte mit diesem Verhalten gar nichts anfangen. Sie erzählte mir dann, dass man diese Krankheit „Borderline" nennen würde, sie hätte das im Internet recherchiert. Ich redete lange mit ihr darüber und machte mich ebenfalls im Internet schlau. Sie hatte viel Ängste und dachte an Selbstmord, ich machte jetzt einen eiligen Termin in der Ambulanz der Psychiatrie aus. Nachdem ich der Sekretärin unsere Situation geschildert hatte, bekamen wir innerhalb von zwei Tagen einen Termin dort. In dem Gespräch mit der Therapeutin wurde eine Krisenintervention vorgenommen, also eine schnelle Notfallsitzung, um heraus zu finden wie stark Selbstmord gefährdet Jasmin war und um sie etwas zu stabilisieren. Wir mussten jetzt entscheiden, ob sie stationär aufgenommen werden sollte. Sie entschied sich für eine ambulante Therapie und falls es schlimmer werden sollte, sich in der

Klinik aufnehmen zu lassen. Die Therapeutin erklärte sich damit einverstanden und vereinbarte weitere Termine mit Jasmin.

Nun tauchten wir zum ersten Mal in die Materie der Psychotherapie ein.

Während der Therapie entschieden wir alle gemeinsam, Jasmin in die 9. Klasse zurücksetzen zu lassen, um erstmal den Prüfungsstress und die damit verbunden Ängste zu mindern. Jasmin war mit dieser Entscheidung zufrieden. Es folgten Gespräche mit dem damaligen und dem zukünftigen Klassenlehrer.

Der noch aktuelle Klassenlehrer Herr Müller, welcher an der Situation nicht ganz unbeteiligt war, indem er einige Schüler vor der gesamten Klasse immer wieder beleidigte und bloß stellte, war der Meinung, dass diese Entscheidung falsch war. Da Jasmin die Zurückversetzung gerne wollte, schon um nicht mehr von Herrn Müller schikaniert zu werden, fand diese nach den Herbstferien statt und Jasmin lebte sich schnell in der neuen Klasse ein.

Mit Herrn Müller hatte ich schon einige laute und heftige Diskussionen geführt, ich hatte schon überlegt, das Schulamt einzuschalten, doch bei diesem hatte er selbst leider auch ein Amt, also sehr schwierig. Da Jasmin jetzt die Klasse gewechselt hatte, verwarf ich diesen Gedanken und hoffte auf Entspannung der schulischen Situation. In einigen Fächern blieb Herr Müller ihr leider trotzdem erhalten. Die Stimmung entspannte sich trotzdem und Jasmin stabilisierte sich.

9 Der Urlaub

Es wurde Herbst und dann Winter, endlich war es soweit: URLAUB. Wir hatten eine Reise nach Teneriffa gebucht zusammen mit meiner Mutter, die wollte dort ihren 70. Geburtstag feiern, mit meiner Schwester, sowie mit meinem Onkel und seiner Frau, denen ich auch sehr nahe stand. Wir alle freuten uns schon lange auf diesen Urlaub.

Jasmin blieb zu Hause, mit ihrem Freund und unserem Kater Moritz, sie konnte sich jederzeit an ihren Vater wenden, der nur wenige Kilometer entfernt wohnte und in unserem Wohnort arbeitete.

Diese Abwechslung würde uns richtig gut tun. Wir zählten jeden Tag, wir waren beide noch nie auf den Kanaren gewesen, meine Mutter und meine Schwester waren schon im Jahr zuvor dort gewesen und wir hatten das gleiche Hotel gebucht. Es sah im Katalog sehr schön aus. Hier war es Winter und auf Teneriffa war es sonnig und warm. Ich würde die Sonne und die Energie nur so aufsaugen.
Natürlich machte ich mir wie immer Sorgen um Jasmin, hoffentlich würde alles gut gehen. Aber ich hatte auch Vertrauen zu ihr.

Nun war es soweit, die Reise in Richtung Sonne ging los. Der Treffpunkt war bei meiner Mutter, von dort aus ging es mit dem Taxi zum Flughafen und ab

in die Lüfte. Über den Wolken verschwanden zwar die Probleme nicht, aber sie verblassten und das war gut so.
Kaum am Flughafen in Teneriffa angekommen rief ich natürlich daheim an um Bescheid zu sagen, dass wir gut angekommen waren und um zu hören ob dort alles in Ordnung war. Auch dort war alles ok.

Wir fuhren dann zum Hotel, das Wetter war traumhaft, 25 Grad und Sonnenschein, der Empfang konnte nicht schöner sein. Auch das Hotel war sehr schön und sauber, das Zimmer hatte Meerblick, einfach schön. Wir wohnten alle auf dem gleichen Flur im Hotel. Jetzt ging die Entspannung los. Wir wollten uns von Umbau, Jobproblemen und Familienzirkus erholen, mit etwas Abstand gelang das auch ganz gut.
Wir gingen dann erstmal mit der Familie am Strand spazieren und erkundeten die Umgebung, Onkel und Tante waren genauso begeistert wie Michael und ich, es war wirklich schön hier. Wir planten einige Ausflüge auf der Insel zusammen, einen zum Loro Parque, der auf der anderen Seite der Insel lag und eine Inselrundfahrt über den Vulkan Teide.
Die Tage verbrachten wir teilweise gemeinsam, zum Abendessen verabredeten wir uns dann immer im Restaurant. Den Geburtstag meiner Mutter verbrachten wir größten Teils zusammen.

Ich dachte auch viel über meine berufliche Zukunft nach und wusste schon jetzt, dass ich etwas ändern sollte, ich hatte keine Lust mehr auf das Leben im Hamsterrad und auf das gemobbe im Krankenhaus. Wenn ich nicht irgendetwas in der Zukunft ändern würde, dann würde ich an all dem kaputt gehen. Ich dachte über ein Fernstudium nach, oder eine Weiterbildung, welche Möglichkeiten hatte ich? Meine Befristung in der Abteilung würde bald auslaufen, was passiert dann? Müsste ich dann wieder einen Arbeitsplatz erstreiten vor Gericht, welche Schikanen würden wieder auf mich zukommen? Der Kampf war sicher noch nicht gewonnen!

Ich hatte jeden Tag mindestens einmal daheim angerufen und mich versichert, dass dort alles in Ordnung war. Jasmin sage jedes Mal dass es zu Hause gut läuft, keine besonderen Vorkommnisse.

Das war gut so und trug sehr zu meiner Entspannung bei. Michael und ich schmiedeten weiter Pläne für den Umbau. Ich wollte gerne zu Ostern umziehen, doch so wie es aussah konnte das nicht klappen.

Naja, wir wollten uns auch nicht zu viel Druck machen und Michael bremste mich immer wieder.

Es war ja Urlaub und in unserem Haus waren vor dem Urlaub gerade noch so die neuen Fenster eingebaut worden, die Balkontür war noch nicht dicht, so war uns schon klar, was als nächstes zu tun war.

Die Fahrt zum Loro Parque war richtig schön und interessant, ich bin fast den Heldentod gestorben als ich zwischen zwei Aras durchgehen musste. Ich hatte seit frühester Kindheit eine Vogel- und Feder-Phobie, ich ekele mich fürchterlich vor allem Federtier, woher das kommt weiß ich auch nicht, keine Ahnung, ist halt schon immer so. Wenn mir in der Fußgängerzone eine Taube entgegen kommt, weiche ich immer aus. Andere belustigt das immer sehr, mich weniger. Jasmin hat leider schon den gleichen Schaden.

Der Loro Parque ist halt ein Tierpark und dort befinden sich auch Vögel, leider sehr viele und sehr große. So musste ich schon am Eingang allen Mut zusammen nehmen und zwischen zwei riesigen Papageien durch gehen, mein Herz schlug bis zum Hals und mein Blutdruck schoss wahrscheinlich extrem in die Höhe. Als diese Hürde genommen war lachten die anderen sich schlapp und ich konnte mich beruhigen. Dieser Park ist wirklich sehr schön und empfehlenswert auch für Tierphobiker.

Die Vogelschauen und Vogelhäuser habe ich natürlich ausgelassen, sonst hab ich mir alles angesehen. Besonders beeindruckend waren die Pinguine, die Wale und Delphine waren auch sehr faszinierend.

Als ich ein Fünffingerfaultier so chillend am Ast hängen sah, erinnerte ich mich an Jasmin und gab ihm prompt diesen Namen. Am Telefon erzählte ich ihr lachend davon, sie fand das nicht so komisch.

Es war ein voll und ganz gelungener Tag. Auf der Rückfahrt zum Hotel konnten wir noch viele Eindrücke von der Insel gewinnen, am Abend gingen wir alle gemeinsam zum Essen und ließen diesen schönen Tag ausklingen.

Am nächsten Tag erkundeten Michael und ich die nähere Umgebung, wir spazierten am Strand entlang zur Nachbarstadt Los Christianos, dort gibt es eine Fußgängerzone mit Einkaufszentren.

Wir machten eine Shoppingtour und besorgten Mitbringsel. Es war überall weihnachtlich geschmückt und unter der glühenden Sonne der Kanaren ertönten Weihnachtslieder. Das war für uns natürlich sehr gewöhnungsbedürftig und amüsant. Wir kauften dort sogar eine Weihnachtstischdecke mit Servietten und Serviettenringen.

Am vorletzten Tag fand dann noch die Inselrundfahrt über das Vulkangebiet des Teide statt, als wir im Bus saßen und die Landschaft genossen klingelte mein Handy und Jasim rief mich an. Sie wimmerte mehr als sie sprach. Sie erzählte mir, dass sie nicht zur Schule gehen konnte, ihr gehe es schlecht, sie sei krank.

Als ich sie nach ihrem Freund fragte, erzählte sie, er sei nicht bei ihr. Sie sei momentan alleine auch nachts, sie käme schon allein klar. Als ich sie fragte, ob sie Angst hätte sagte sie nein, sie wäre einfach nur krank, ich solle mir keine Sorgen machen. Ich glaubte das auch und sagte ihr nochmal, dass sie sich jeder Zeit an ihren Vater wenden könne. Ich machte mir natürlich trotzdem Gedanken und telefonierte jetzt noch öfter mit ihr.

Der letzte Tag war nur noch für Entspannung reserviert, wir saugten die Sonnenstrahlen auf und speicherten sie ein. Wir verbrachten diesen Tag mit Spaziergängen am Strand, erholten uns am und im Pool, packten die Koffer und ließen es uns nochmal gut gehen. Obwohl es schade war, dass dieser Urlaub zu Ende ging, war ich auch froh wieder heim zu kommen und zu sehen, was mit Jasmin los war.

Am nächsten Morgen ging es ganz früh los mit dem Bus zum Flughafen, ab ins Flugzeug und wieder in Richtung Heimat. Wir nahmen all diese schönen Eindrücke und Bilder in unserer Erinnerung mit und waren gut erholt und gebräunt.

Der Flug dauerte fast sechs Stunden, da wir über dem Frankfurter Flughafen noch eine ganze Zeit in der Warteschleife kreisen mussten. Hier war es kalt, matschig und nass.

---

10 Wieder daheim

Als wir wieder zu Hause angekommen waren inspizierte ich erst mal die Wohnung, die sah gut aus, keine besonderen Vorkommnisse. Jasmin war allein und ich fragte, wo denn ihr Freund, der Alex sei.

Darauf antwortete sie, sie hätten ständig Streit gehabt, deswegen sei der Alex fast die ganze Woche nicht hier, bei ihr, gewesen. Ich frage dann, warum sie mir das nicht am Telefon erzählt hatte, und sie antwortet, um mich nicht zu beunruhigen, sonst hätte ich mir die ganze Zeit nur Sorgen gemacht, das hatte sie nicht gewollt.

Als ich sie dann auf ihre Krankheit in der Woche ansprach, erzählte sie, dass sie nicht krank gewesen sei, sie hätte sich so oft mit Alex gestritten, dann nachts nicht schlafen können. Sie hatte wieder vermehrt Albträume gehabt mit Panikattacken. In einer Nacht hatte sie sich vor Angst auf dem Fußboden gewunden und geheult. An ihren Vater hatte sie sich damit nicht wenden wollen, der hätte sie dann sowieso nur ausgelacht.

Ich hatte jetzt ein total schlechtes Gewissen und hätte am liebsten laut geweint, ich kam mir so schlecht vor. Ich beschloss, nie mehr mit der ganzen Familie Urlaub zu machen, damit wenigstens meine Mutter beim nächsten Urlaub für Jasmin greifbar wäre. Doch das änderte die Situation jetzt auch nicht mehr. Jasmin tat mir so leid, der Gedanke, dass ich mich in der Sonne aalte und Jasmin hier, mit ihren Ängsten und Sorgen, alleine war und das auch noch so kurz vor Weihnachten, belastete mich sehr.

Ich mochte die Vorweihnachtszeit immer so gern, Jasmin hasste diese Jahreszeit, seit ihr Opi damals so kurz vor Weihnachten, gestorben war. Sie ignorierte Weihnachten so gut sie konnte.

Nach einigen Tagen hatte sich alles beruhigt und Alex und Jasmin waren wieder zusammen. Sie meinte dann, sie wäre ja selbst an dem Drama nicht unbeteiligt gewesen und jetzt wäre alles wieder in Ordnung.

In den Weihnachtsferien arbeiteten Michael und ich viel in unserem Haus, die Feiertage verbrachten wir mit der Familie und zum Teil alleine. Jasmin und Alex waren mal daheim, mal bei Alex Familie und mal bei Jasmins Vater, normaler Weihnachtsstress eben.
Am Heiligen Abend hatten wir zum Essen eingeladen, meine Mutter und Schwester und Michaels Vater und Schwester kamen, seine Mutter war kurz vor unserer Hochzeit gestorben und hatte in der Familie eine große Lücke hinterlassen. Sein Vater kam alleine irgendwie klar, doch um ihn mussten wir uns trotzdem kümmern. Er war über 80 Jahre alt und auch nicht mehr so ganz fit, Michaels Schwester lebte ca. 90 Km entfernt in der Nähe von Frankfurt, sie besuchte ihren Vater vorwiegend an den Wochenenden und Feiertagen, da sie in der Woche arbeiten musste.

Wir hatten ein Menü gekocht, in der Küche waren wir ein gutes Team. Michael konnte gut kochen, dass hatte er wohl von seiner Mutter gelernt. Wir kochten und backten gerne zusammen.

Das Essen hatte allen gut geschmeckt und es war ein schöner, unterhaltsamer Abend gewesen.
Am nächsten Tag waren wir beim Schwiegervater zum Essen eingeladen, Michaels Schwester Andrea hatte dort gekocht. Sie konnte auch sehr gut kochen, es schmeckte sehr gut. Am zweiten Feiertag waren wir bei meiner Mutter eingeladen, sie hatte zusammen mit meiner Schwester Christine gekocht, auch hier war das Essen lecker.

Die Weihnachtsfeiertage waren jetzt um und wir etwas schwerer. So arbeiteten wir mit voller Kraft am Umbau des Hauses weiter. Es wurde jetzt klar, dass der Umzug noch nicht in den Osterferien stattfinden konnte, es war einfach noch zu viel zu tun. Das Haus stand jetzt im Rohbau da, mit neuen Fenstern, der Strom war nur teilweise neu verlegt. Ich hatte eigentlich geplant, jetzt mit den Tapezierarbeiten zu beginnen, doch dieser Plan rückte in weite Ferne.
Michael arbeitete immer sehr gewissenhaft und hundertprozentig, ich hingegen hudelte auch mal vor mich hin, mein Motto war immer, Hauptsache schnell. Mir ging das alles zu langsam, ich war ungeduldig und machte immer mehr Druck. Michael beeindruckte das gar nicht, er ließ sich keinen Druck machen und so kam es hier und da auch mal zu Unstimmigkeiten zwischen uns. Der Spaß und die Lust an diesem Projekt schwanden und aus „wir wollen“ wurde „wir müssen“.

Die Erholung vom Urlaub war schon längst vergangen, der Umbau wurde immer stressiger, mal kamen die Handwerker nicht wie vereinbart, Termine

wurden verschoben, mal hatten wir keine Lust und brauchten eine Pause. So zog sich alles mehr und mehr in die Länge. Auch ich kapierte, dass wir wohl erst im Sommer umziehen konnten und fand mich damit ab.
Immer wenn ich mich über die Handwerker beschwerte nahm Michael das persönlich und fühlte sich angegriffen und der Streit war vorprogrammiert. Es lief alles sehr schleppend.

Jasmin hatte sich bis jetzt kaum auf der Baustelle blicken lassen und war sehr desinteressiert an dieser Aktion. Ab und zu kamen Kommentare, dass sie keine Lust mehr hätte umzuziehen.
Das traf Michael sehr, immerhin hatte er den langjährigen, alten Mietern nur sehr ungern und erst nach Absprache mit mir und Jasmin gekündigt. Er fühlte sich von ihr verarscht und die Spannungen zwischen ihm und Jasmin nahmen zu.
Wir machten weiter und gaben ihr zu verstehen, dass es kein Zurück mehr gab.

---

11 Das Projekt Hund

Jasmin und ich wollten uns immer wieder gerne einen Hund anschaffen, als wir noch bei ihrem Vater lebten hatten wir einen Kuvasz, den wir leider nach dem Auszug bei ihm lassen mussten. Dieser Hund hieß Lilly, er war schon lange tot.

Jetzt erzählte eine Freundin von Jasmin, dass deren Hund schwanger war und bald seine Jungen zur Welt bringen wird. Die Mutter dieser Freundin hatte ein Tibet Terrier Paar und war Hobbyzüchterin.
Für die Welpen wurden jetzt schon Käufer gesucht. Es war eine relativ kleine Hunderasse.

Michael wollte nie einen Hund, auch jetzt nicht. Nach langen Diskussionen konnte ich ihn dazu überreden, sich diese Hunde mal anzusehen.
Ich konnte Jasmins und meinen Willen dann durchdrücken mit den Worten: „Wenn wir schon an den Arsch der Welt ziehen, dann wenigstens mit Hund. So kommen wir jeden Tag raus und lernen die anderen Dorfbewohner kennen, das hilft um Kontakte zu knüpfen."
Ich erzählte ihm, dass wir damals durch Lilly viele Leute kennengelernt hatten und dadurch auch Freundschaften entstanden waren.

Wir sahen uns dann die Elternhunde an und ließen uns bereits einen Welpen reservieren. Der Vaterhund war schwarz, die Hündin blond. Mal sehen, was

dabei raus kommt. Wir vereinbarten, dass wir uns nach der Geburt die Welpen ansehen und dann entscheiden würden, welchen wir nehmen wollten.
Von diesem Zeitpunkt an stieg die Laune im Haus, außer Michaels, die sank. Er fühlte sich irgendwie überrumpelt von uns, doch mit diesem Ereignis vor Augen, fiel es Jasmin leichter, sich auf den bevorstehenden Umzug einzulassen und zu freuen.

Unser Kater Moritz war ein Einzelgänger und kein Schmusekater, er lebte so neben uns her, er nervte nicht und machte auch nichts kaputt. Er war bis jetzt, und wir hatten ihn bereits sechs Jahre nur einmal krank gewesen. Er war eine Wohnungskatze, weil wir in der Stadt lebten. Er ging nur raus auf ein Flachdach, das an unseren Balkon grenzte und war damit zufrieden.
Eines Tages, unsere Wohnung befand sie im dritten Obergeschoss, hatten wir einige Fenster zum Lüften offen gelassen. Es war Abend und es klingelte an der Wohnungstür. Der Bewohner der Wohnung unter uns stand in der Tür uns sagt: „Eure Katze ist gerade an meinem Fenster vorbei geflogen, als ich den Rollladen runter machen wollte.“ Er war ganz verstört. Wir suchten nach Moritz und dieser befand sich nicht in der Wohnung. Wir rannten panisch aus dem Haus und suchten ihn. Wir fanden ihn schreiend unter einem geparkten Auto sitzend und fuhren sofort zur Tierärztin, dort bekam er Spritzen und Tabletten und wurde schnell wieder gesund, er hatte keine bleibenden Schäden davon getragen.

Nun war es soweit, die Welpen waren geboren. Einige waren schwarz, einige blond und einer war schwarz-weiß, doch der war leider schon vergeben.
Die Züchterin schickte und per E-Mail Bilder und nach einiger Zeit durften wir die Kleinen besuchen.
Sie waren in der sogenannten Wurfkiste und sahen aus wie Meerschweinchen, dass das Hunde werden sollten konnte man noch nicht erkennen. Die Welpen waren trotzdem putzig. Jasmin und ich wollten gerne einen schwarzen, Michael einen blonden, am liebsten hätten wir den schwarz-weißen genommen, aber der war ja vergeben. Die Züchterin schickte uns immer wieder Bilder. Als die Welpen aus dem gröbsten raus waren und wie Hunde aussahen, besuchten wir sie wieder. Die waren so putzig. Kurz vorher hatte die Züchterin mir erzählt, dass die Reservierung für den schwarz-weißen Welpen zurückgezogen worden sei, wir könnten also auch diesen haben.
Bei unserem Besuch suchte sich der Hund dann die Familie aus, das kleine schwarz-weiße Fellbündel kam direkt zu Michael und inspizierte ihn, der Kleine war sehr neugierig und aufgeweckt. Wir entschieden uns für ihn. Die Züchterin wollte wissen, wie die kleine Hündin heißen sollte, um sie direkt an den Namen zu gewöhnen. Für und kam nur ein Name in Frage: „Lilly“. So fingen wir an, uns auf Lillys Einzug vorzubereiten. Gefühlsmäßig war ich jetzt hochschwanger und Jasmin und ich freuten uns riesig auf das neue Familienmitglied. Michael war noch etwas skeptisch, aber der kleine Hund hatte ihn auch schon etwas in seinen Bann gezogen.

Wir fingen an für die kleine Hundeprinzessin einzukaufen. Ein Geschirr mit Leine, ein Hundekörbchen, eine pinkfarbene Decke mit der Aufschrift Prinzessin, Fressnapf, Spielzeug usw. und wir freuten uns schon auf den Einzug, der in ca. sechs Wochen stattfinden sollte.

Der Umbau schritt Stück für Stück, schleppend weiter fort. Im Februar hatten wir beide Urlaub und begannen endlich mit den Tapezierarbeiten, endlich. Das Tapezieren machte uns Spaß und wir hatten das Gefühl endlich unserem Ziel, dem Umzug näher zu kommen. Wir fingen in unserem Schlafzimmer an, für das hatte ich, für die eine Wand, eine schöne Fototapete mit einem floralen Muster und für die anderen Wände eine passende weiße Tapete ausgesucht. Das Zimmer sah toll aus als es fertig tapeziert war, das motivierte uns sehr. Danach tapezierte wir Jasmins Zimmer, sie hatte sich ihre Tapeten selbst ausgesucht, konnte aber beim Tapezieren nicht mithelfen. Eigentlich hätte sie zur Schule gehen müssen, war aber krank. So tapezierten wir alleine weiter. Noch ein Zimmer, und das Obergeschoss war fertig tapeziert und sehr wohnlich geworden. Um das Badezimmer kümmerte sich eine Firma, das musste komplett neu gebaut werden. Der Flur sollte später tapeziert werden.

Als Jasmin ihr neues Zimmer sah war sie begeistert. Sie war trotzdem verärgert, weil wir ihr eigentlich zugesagt hatten, dass das Dachgeschoss für sie ausgebaut werden sollte, doch das ging nicht so schnell, dazu musste erst das Dach neu gedeckt und isoliert werden, deshalb sollte sie vorerst in dieses Zimmer einziehen. Sie bekam sogar ein eigenes Bad. Sie fühlte sich von uns betrogen und brachte das durch Desinteresse zum Ausdruck.

Da das Haus auch ohne ausgebautes Dachgeschoss für uns alle drei groß genug war, entschlossen wir uns, das Dach neu decken zu lassen, wenn wir umgezogen waren. Jasmin musste das so akzeptieren, doch sie stänkerte immer wieder rum.

Im Frühling verbrachten wir immer noch jede freie Minute mit den Umbauarbeiten, um den Umzug für die Sommerferien planen zu können.
Auch im Garten waren wir schon aktiv gewesen und hatten die ersten neuen Büsche gepflanzt, die Gartenarbeit tat zwischendurch mal gut und brachte Abwechslung in den Baustellenalltag.

Dann kam der langersehnte Anruf von der Hundezüchterin und wir verabredeten einen Termin für den Einzug unseres neuen Familienmitgliedes Lilly. Wir legten den Termin auf den Karfreitag, da wir an Ostern alle daheim waren und uns um das Hundebaby kümmern konnten. Die Vorfreude war jetzt riesengroß, wir konnten es kaum noch erwarten, außer Michael, der war wie immer skeptisch.

Ich erzählte im Kollegenkreis vom Einzug unserer kleinen Hündin und auch dort waren viele Hundebesitzer, so gab es eine Gemeinsamkeit mehr. Am Arbeitsplatz lief zu der Zeit alles gut. Es gab einige Kollegen, mit denen ich mich sehr gut verstand, die Abteilungsleiterin war eher unsympathische und unnahbar, sie wirkte verbittert und gab ihren Unmut über die Situation der Abteilung immer wieder preis. Ihre Vertreterin schien auch sehr radikal zu sein, wenn die beiden einen Kollegen auf dem Visier hatten, so hatte der schnell verloren. Mich ließen sie im Moment in Ruhe und das war gut so. Alles ging seinen Gang, die Arbeit, der Umbau es lief alles nach Plan und wir freuten uns auf Karfreitag und bereiteten alles für Lillys Einzug vor.

Endlich war es soweit, es war Karfreitag und wir holten unser neues Familienmitglied, Lilly ab. Jasmin und ich waren voller Vorfreude gewesen und wir haben diesem Ereignis entgegen gefiebert.
Wir drei fuhren zu der Hundezüchterin, die nur ein paar Straßen entfernt wohnte, um unseren Welpen endlich abzuholen. Als wir ankamen lief unser kleiner Wollknäul schon in der Wohnung herum und kam direkt auf uns zu. Das waren Glücksgefühle, die Züchterin gab uns noch einige Tipps für die Eingewöhnung und sie bereitete und darauf vor, das die nächsten Tage und Wochen unruhig und anstrengend werden könnten, da der Welpe noch nicht sauber, also stubenrein war.

Dann fuhren wir mit dem kleinen Fellknäul nach Hause, wo alles vorbereitet war.

Wir hatten für die nächsten Tage nichts weiter geplant, damit Lilly erst Mal Zeit hatte sich an uns zu gewöhnen. Sie verbrachte die Nächte in Jasmins Zimmer, Jasmin und Alex brachten Lilly alle zwei bis drei Stunden nach draußen, zum Pipi machen. Der kleine Hund machte das teilweise nur sehr widerwillig mit. Tags lief es ähnlich, wenn sie draußen laufen sollte, wimmerte sie und brachte schnell ihre Unlust zum Ausdruck, aber da musste sie jetzt durch. Dieses kleine Tier konnte mit seinem großen Charme jeden in seinen Bann ziehen. Egal wo wir mit ihr auftauchten, sie wurde überall schnell zum Mittelpunkt, sogar im Baumarkt.
Dieses flauschige Familienmitglied hatte schnell seinen Platz in der Familie gefunden. Der Kater Moritz fühle sich manchmal genervt von dem kleinen Hund, der dauernd spielen wollte, egal mit wem, Katze oder Mensch.

Lilly hatte sich schnell eingelebt und ein Leben ohne sie war nach kurzer Zeit schon nicht mehr vorstellbar. Sie wurde auch schnell stubenrein und war Jasmins vertraute. Sie erzählte ihr alles, was sonst keiner wissen sollte.
Es war kaum zu glauben, welchen Halt ein Kind durch so ein Haustier findet.

Nachts schlief Lilly in Jasmins Zimmer, an den Wochenenden nahmen wir sie oft mit auf unsere Baustelle, damit sie sich schon mal an diesen Ort gewöhnen konnte. Außerdem konnte sie dort nach Herzenslust im Garten umhertoben und das tat sie mit großer Freude. Wenn Lilly rum tobte, strahlte

sie pure Lebensfreude und Unbeschwertheit aus. Das sah so süß aus, ihr buschiger Schwanz wehte dann wie eine Fahne im Wind.
Jetzt kam Jasmin auch ab und zu an den Wochenenden auf die Baustelle und spielte mit Lilly im Garten, sie wurde immer von Alex gefahren.

---

12 Der Alltag

Jasmins Beziehung mit Alex war eine on-off-Beziehung, ziemlich belastend, für uns alle. Heute waren sie noch zusammen, morgen wieder getrennt. So ging das ständig, dadurch wurde Jasmin mit der Zeit wieder instabiler. Wenn die beiden nachts Streit hatten, ging sie wieder nicht zur Schule. Sie blieb dann einfach depressiv im Bett liegen. Jetzt fing das schon wieder an. Ich hatte wieder Gespräche mit dem Klassenlehrer, der Jasmin geraten hatte zur Schule zukommen, immerhin sollten nach den Ferien die Vorbereitungen für die Realschulprüfung beginnen.

An meinem Arbeitsplatz im Krankenhaus lief alles ganz ruhig und das war gut so. Immerhin verlangte mir die Baustelle genug Energie ab. Der Druck wurde immer mehr, wir wollten ja bald umziehen und es war noch viel zu tun. Die Handwerker waren oft unzuverlässig, ein Freund von Michael, der die Stromverteilung neu gemacht hatte, ließ uns oft im Stich und so kamen wir nur langsamen voran.
Das führte dann auch immer wieder zu Spannungen zwischen Michael und mir. Wenigstens waren inzwischen die Zimmertüren eingebaut worden, auf die hatten wir auch sehr lange gewartet und ohne Türen hätten wir nicht einziehen wollen.

Für Jasmin hatte ich schon neue Schlafzimmermöbel gekauft, die sie sich ausgesucht hatte. Ich tat alles, um die Vorfreude auf dem Umzug, in ihr zu wecken. Es gelang mir trotzdem kaum. Als die Möbel geliefert wurden, baute Jasmin diese zusammen mit Alex auf. Lilly war immer dabei, sie fühlte sich im Haus schon sehr wohl und wurde jetzt „Baustellenhund“ genannt. Sie hatte überall ihre Nase drin und machte immer die Endabnahme der Arbeiten.

Der Sommer und die Ferien kamen näher und damit unser Umzugstermin. Jasmin war in dieser Zeit auch wieder regelmäßiger zur Schule gegangen. Sie hatte aber oft zum Ausdruck gebracht, dass sie keinen Bock hatte auf den Umzug und diesen Ort. Irgendwas war immer, so richtig entspannt war die Situation nie. Ich hoffte, dass nach dem Umzug alles besser und entspannter werden würde.

Das Verhältnis zu Jasmin war in der Umbauzeit nicht so eng gewesen, da ich viel unterwegs und auf der Baustelle war. Wenn ich nicht zu Hause war, machte sie was sie wollte. Die meiste Zeit verbrachte sie im Bett und schlief oder gammelte rum. Ich bin auf dieses Verhalten nicht weiter eingegangen, weil mir selbst die Kraft ausging. Das einzige was mich am Leben erhielt war der bevorstehende Umzug ins neue, schöne Heim. Dort würden wir vielmehr Platz haben als in unserer, mittlerweile engen Wohnung in der Stadt.

Michael und ich hatten in dieser Wohnung unsere zwei Wohnungen zusammengelegt, also zwei Haushalte in einer Wohnung untergebracht. Ich glaube, dass Michael sich in dieser Wohnung nie wohl gefühlt hatte. Er hatte bis dahin nur in seinem Heimatort gelebt und dort war es sehr ländlich.

Ich wusste aber auch, dass ich die Stadtwohnung sehr vermissen würde. Hier musste man nur aus der Haustür gehen und war schnell in der Innenstadt oder Altstadt. Abends einfach mal durch die Altstadt bummeln und irgendwo etwas trinken, war dann nicht mehr möglich. In Zukunft würden alle Wege mit dem Auto gefahren werden müssen und bis in die nächste Stadt würden es, in alle Richtungen, immer ca. 20 Km zu fahren sein. Dieser Gedanke trübte meine Freude schon etwas.

Für Michael würde es eine Erleichterung sein, wieder in seinem Dorf zu wohnen, so konnte er öfter mal bei seinem Vater rein schauen, ohne einen langen Weg zu haben. Der Vater hatte sich darauf gefreut, dass wir bald in seiner Nähe wohnen würden, für ihn war das beruhigend. Er fühlte sich schon sehr einsam. Wir waren froh, dass er alleine überhaupt so gut klar gekommen war, damit hatte nach dem Tod seiner Frau keiner gerechnet. Er hielt sich tapfer und kümmerte sich um seinen Haushalt und seinen geliebten Garten. Er baute Obst und Gemüse an.

Dann überlegten wir, wie der Umzug stattfinden könnte, ob wir ihn selbst machen, oder doch lieber eine Umzugsfirma beauftragen sollten.

Da sich unsere Stadtwohnung im zweiten und dritten Obergeschoss befand und wir sehr viele und schwere Möbel hatten, beauftragten wir eine Firma mit dem Umzug. Doch vorher hieß es Kisten packen.

Wir packten und packten und packten, es schien, als ob wir niemals damit fertig werden würden.

Alles musste raus. Danach hatten wir einen Monat lang Zeit, bis die neuen Mieter einziehen würden, die hatten wir zwischendurch auch noch suchen

müssen. Die Wohnung musste sich ja irgendwie finanzieren. Verkaufen wollte ich die Wohnung nicht, sie sollte doch später mal Jasmin gehören.
Wir kamen dem Tag des Umzugs immer näher und wurden immer nervöser. Dieser Umzug bedeutete eine große Veränderung für uns alle. Ich hoffte nur, dass Jasmin dort, in diesem Ort zurechtkommen würde.

Kurz vor dem Umzug sah ich beim Bäcker im Ort ein Stellenangebot, da Jasmin schon länger einen Nebenjob suchte, erzählte ich ihr davon und sie stellte sich dort vor und bekam den Job.
Dadurch würde sie auch die Gelegenheit haben, einige Dorfbewohner kennen zu lernen.
Ich sah dass optimistisch, Michael war, wie immer, skeptisch. Die Jobzusage motivierte Jasmin dann doch noch für den Umzug.

---

13 Der Umzug

Jasmin, Alex, Hund Lilly und Kater Moritz zogen schon einen Tag vor dem großen Umzug in das Haus. Da Jasmins neue Möbel bereits geliefert waren, bot sich das so an. Außerdem konnte sich der Kater so schon mal vor dem großen Trubel zurecht finden.
Wir waren immer noch am Kisten packen, Stück für Stück und es wollte nicht enden. Die Anspannung und der Stress nahmen immer mehr zu. Es war Sommer und heiß. Lilly sollte den Umzugstag bei den neuen Nachbarn verbringen, die hatten eine Hundeschule und Hobbyhundezucht. Mit diesen Nachbarn hatten wir uns während des Umbaus angefreundet und Lilly sich mit ihren Hunden. Ich konnte Lilly beruhigt dorthin geben und wusste, dass sie dort in guten Händen war.
Wir hatten mit der Umzugsfirma vereinbart, dass die Arbeiter sich am nächsten Tag um 6.00 Uhr hier einfinden sollten. Am Abend vorher rief der Chef der Umzugsfirma an und informierte uns, dass seine Jungs schon früher als 6.00 Uhr kommen würden, wegen der zu erwartenden extremen Hitze.
Wir fielen dann erschöpft und gestresst in unsere Betten.

Es war Hochsommer und es sollte der heißeste Tag des Jahres bis jetzt werden. Wir waren gerade aufgestanden und um fünf Uhr kamen die Arbeiter der Umzugsfirma, eine Menge Leute, ich weiß gar nicht mehr wie viele es waren, ich glaube sieben oder acht Mann. Sie räumten alles in die Umzugswagen, die sie mitgebracht hatten. Es waren mehrere Wagen, damit nur eine Fahrt pro Wagen nötig war. Diese Männer waren die reinsten Arbeitstiere. Sie waren sehr professionell, sie trugen alle Möbel die zwei bzw. drei Stockwerke durchs enge Treppenhaus runter. Wir waren schon vom Zusehen fertig und hofften, dass alles unbeschadet ankommen würde.

Jasmin und Alex hatten es gemütlicher im neuen Haus, sie trafen die letzten Vorbereitungen für unsere Ankunft mit den vollgeladenen Möbelwagen. Der Kater musste in ein Zimmer eingesperrt werden, zusammen mit seinen ganzen Utensilien. Lilly sollte bei den Nachbarn abgegeben werden, alles klappte gut. Die Männer der Umzugsfirma kamen auch gut voran.

Gegen Mittag war alles verladen und ich rief Jasmin an, um ihr zu erzählen, dass wir dann losfahren würden. Die Fahrt dauerte eine gute halbe Stunde und es war so heiß.

Am Haus angekommen, ging das Gewusel weiter. Die Männer waren wie Ameisen, es war bei dieser Geschwindigkeit schwer, den Überblick zu behalten, so dass jedes Möbelstück, den für es bestimmten Platz fand. Die Möbel wurden aufgebaut und die Umzugskartons im Haus verteilt. Trotz Beschriftungen war es nicht einfach, alles am richtigen Platz zu parken.

Die Küche war Gott sei Dank schon vorher aufgebaut worden, so war wenigstens die Ernährung gesichert.

Am Nachmittag hatten die Männer ihre Arbeit beendet und alles stand an seinem Platz. Die Kisten standen noch überall rum, jetzt begann unsere Arbeit. Alles musste auf die Schränke verteilt werden, manche Kleidungsstücke habe ich nie wieder gefunden.

Wir räumten und räumten, Tage lang ein.

Die größte Anspannung ließ jetzt nach und wir wollten uns erst Mal in Ruhe einleben, wir legten jetzt eine kleine Schaffenspause ein und versuchten uns von dem Umzugs- und Umbaustress zu erholen.
Jasmin hatte Ferien und Michael und ich Urlaub. Obwohl es noch jede Menge zu tun gab, ließen wir es jetzt erst Mal langsamer angehen und das tat gut.

Wir beide waren von den letzten Monaten, ja dem letzten Jahr sehr ausgelaugt und geschafft gewesen. Ab jetzt sollte unser Leben etwas ruhiger und entspannter werden. So war der Plan.

Jasmin hatte Spaß bei ihrem neuen Nebenjob als Bäckereiverkäuferin und lernte dort auch schnell Leute aus der Gemeinde kennen, sie war sehr kontaktfreudig. Da Michael ein altbekannter im Ort war, wussten die Leute auch gleich wo Jasmin hin gehört. Sie ging fleißig und freudig diesem Job nach, obwohl die Arbeitszeiten und Bedingungen in dieser Branche nicht so vorteilhaft waren.
Sie knüpfte einige Kontakte, mit Jung und Alt.

Nach zwei Wochen Eingewöhnungszeit ging unser Urlaub zu Ende und der Alltag hatte uns wieder.
Die Fahrten zur Arbeit waren jetzt wesentlich länger als zuvor, das war ein Nachteil, aber gut, dachte ich, manche Leute pendelten hunderte von Kilometern zu ihrem Arbeitsplatz, das tröstete mich und macht es erträglicher.

Als die Ferien zu Ende waren musste auch Jasmin wieder in ihren Alltag zurück finden und zur Schule gehen. Sie musste jetzt morgens eine Stunde Bus fahren, bis sie an der Schule war. Wenn es zeitlich gepasst hatte, hatte ich sie mitgenommen. Es wurde alles für sie stressiger.

Da sie jetzt oft erledigt war von den Anforderungen in der Schule, meldete sie sich in der Bäckerei öfters krank.

Sie hatte dem Klassenlehrer von ihrem Nebenjob erzählt, wo sie eigentlich auch nur für die Wochenenden eingeplant werden sollte, und dieser war total empört gewesen. Er habe gefragt, wieso sie arbeiten musste und das, obwohl doch jetzt bald die Vorbereitungen zur Abschussprüfung beginnen sollten. Sie warf mir dann immer wieder vor, dass das Ausbeute sei, obwohl es ihr eigener Wille war, sich einen Job zu suchen, damit sie etwas mehr Taschengeld hatte. Ich hatte das nicht von ihr verlangt, ich hatte lediglich gesagt, dass wenn man Ansprüche hat, man auch etwas dafür tun müsse, z. B. Geld verdienen oder seine Ansprüche herunter schrauben. Sie entschied sich halt für ersteres, aus freien Stücken. Auf die Prüfung hatte ich sie vorher hingewiesen. Aber ich sah es auch nicht ein, nur für Jasmins Wünsche arbeiten zu gehen.

Irgendwann war es dann soweit, durch das ständige fehlen in der Bäckerei wurde sie dort zum Außenseiter und die Gunst der Kolleginnen fiel stetig. Sie redeten über Jasmin und versuchten sie zu schikanieren. So meldete sie sich immer häufiger krank und ging nach einiger Zeit gar nicht mehr hin.

Sie hatte daraufhin Gespräche mit ihrem Vorgesetzten und beide entschieden, dass es besser wäre die Tätigkeit zu beenden. Ich konnte das verstehen, schließlich sollte jetzt die Abschlussprüfung im Mittelpunkt stehen. Jasmin sollte jetzt genug Zeit für die Prüfungsvorbereitungen haben, das war wichtig und nötig.

Es sollte jetzt Ruhe einkehren und ich dachte, wir hätten die schlimmste Zeit hinter uns gebracht.

Ich war dann der Meinung, dass sich alles gut eingependelt hätte. Doch diese Meinung hielt nur kurze Zeit an.

---

14 Immer die gleichen Probleme

Am Arbeitsplatz plätscherte alles ganz still vor sich hin, aber Jasmin, die machte mir wieder Sorgen.

Sie war wieder öfter krank und ging nicht zur Schule, genauso, wie im Jahr zuvor. Sie hatte jetzt wieder Angst vor der Prüfung.

Und was musste ich mir von Michael anhören? Naja, Vorwürfe. Er und der damalige Klassenleherer, Herr Müller, hatten nämlich damals prophezeit, dass die Wiederholung der neunten Klasse das Ergebnis nicht verbessern würde. Jetzt schien es so weit zu sein, dass er Recht haben würde, was für ein Triumph für ihn und diesen nervigen Herrn Müller. Auch Jasmins Vater sparte nicht mit Kritik. Wie immer sollte ich Schuld an allem sein, doch ich wusste für mich, dass ich immer so entschieden hatte, wie ich es vor mir und dem Beteiligten am besten verantworten konnte.

So stand ich fest hinter der Entscheidung und war mir jetzt auch keiner Schuld bewusst. Ich glaubte weiter an das Gute und an mein Kind. Das war meine Einstellung und die kannte Jasmin. Egal was kam, mein Kind war das Wichtigste. Nur so konnte ich mir morgens im Spiegel weiter in die Augen sehen.

Jasmin machte mir täglich Vorwürfe weil wir hier aufs Land gezogen waren, ich musste mir ständig anhören, dass sie das nie gewollt hatte. Ich erinnerte sie dann daran, dass wir sie vorher gefragt hatten, bevor wir die nötigen Schritte, wie z. B. die Kündigung der Mieter in die Wege geleitet hatten.

Sie war nur noch gefrustet und fühlte sich hier, nach ihren eigenen Angaben, nicht wohl. Sie machte uns ständig Druck wegen dem Ausbau des Dachgeschosses, wobei noch nicht mal das Dach neu gedeckt und isoliert war. Die Arbeiten dazu waren schon in Auftrag gegeben und sollten bald begonnen werden.

Sie fehlte jetzt wieder öfter in der Schule und die Gespräche mit dem Lehrer fingen wieder an, immer lastete alles auf meinen Schultern. Sie verstand zu diesem Zeitpunkt noch nicht so richtig, dass es um ihre Zukunft ging und nicht um meine. Ich erzählte ihr oft, dass sich jetzt die Weichen für ihre berufliche Zukunft stellen würden, doch das war ihr ziemlich egal.

Wir hatten wieder täglich Diskussionen darüber, dass wir ihr das Dachgeschoss versprochen hatten und es noch nicht bewohnbar war. Sie erzählte mir, dass wir zu langsam gearbeitet hätten und dass wir das Dach absichtlich nicht fertig stellen würden. Ihrer Meinung nach hätten wir erst einziehen dürfen, wenn alles fertig gewesen wäre. Jeden Tag die gleichen, zermürbenden Diskussionen, das stresste. Auch vor Michael nahm sie kein Blatt vor den Mund.

Sie war so aggressiv und laut, dass die Nachbarn das Geschrei mit Sicherheit mitbekommen hatten, das war mir so peinlich.

Es wurde immer schlimmer. Ab und zu ging sie zur Schule und dann wurde das Thema für den praktischen Teil der Prüfung bekannt gegeben. Es wurden wohl Gruppen für verschiedene Präsentationen von Themen zusammengestellt. Jasmin sollte eine Präsentation zum Thema Drogen halten. Dieses Thema interessierte sie sehr, so dass sie sich dann doch noch voll und ganz in die Arbeit stürzte und eine schöne Präsentation vorbereitete.

Ich versuchte sie zu unterstützen und freute mich sehr über diesen Einsatz. Kurz vor dem Prüfungstermin hatte sie nochmal Angst, aber ich konnte sie beruhigen und motivieren ihren schönen Vortrag zu halten.
Die Prüfungstage waren sehr aufregend für uns und Jasmins Eifer wurde belohnt. Sie bekam für ihre Präsentation nach einigen Tagen die Note 2+ und war stolz wie Oskar. Ich war auch sehr stolz und lobte sie, das tat ihr gut. Ich dachte jetzt war die erst Prüfungshürde genommen und der Erfolg würde sie für die weiteren Aufgaben motivieren.

Nach einigen Wochen verfiel Jasmin wieder in ihr altes Schema, sie ging wieder kaum zur Schule.
Als Grund gab sie jetzt wieder vermehrte Albträume und Ängste an, ich war ratlos. Ich dachte sie hätte sich psychisch stabilisiert, doch jetzt plagten sie wieder dieselben Ängste. Sie kam kaum mehr aus dem Bett und hatte wieder Panikattacken. Ich machte mir wieder große Sorgen, ich konnte nicht mal von der Arbeit zu Hause bleiben, denn mein Vertrag für diese Stelle ging zu Ende und ich wollte diesen Arbeitsplatz gerne verlängert bekommen. Wie sollte das klappen, wenn ich mich jetzt krankschreiben ließe?
Wie konnte ich ihr nur helfen? Ich hatte doch keine Ahnung von der Psyche oder Psychotherapie.
Sie erzählte mir jetzt, dass sie sich am liebsten umbringen würde um alle diese Ängste und Probleme loszuwerden. Ich hatte große Angst um sie und wieder Mal um meinen Job. So ging ich jeden Tag zur Arbeit und rief stündlich zu Hause, bei Jasmin an, um mich zu versichern, dass sie sich nichts angetan hatte. Ich rief bei vielen Psychotherapeuten an, doch es hieß

immer nur: Warteliste mit drei bis sechs Monaten Dauer. Als ich von der Arbeit aus in einer Praxis anrief, bekam ich dann einen Termin innerhalb von ca. zwei Wochen, endlich. Die Zeit bis zu diesem Termin war hart, ständige Sorge um Jasmin.

Meine Stelle wurde jetzt im Krankenhaus intern auch wieder ausgeschrieben und natürlich bewarb ich mich darauf, in dem Gedanken, dass der Vertrag verlängert würde. In diesem Haus gab es ja, wie überall im öffentliche Dienst, die Bestimmung, dass jede Stelle ausgeschrieben werden musste. So dachte ich, dass das nur ein formeller Akt war. Ich bekam dann auch eine Einladung zu einem Personalgespräch und war mir sicher, dass es positiv verlaufen würde. Doch weit gefehlt, der Kampf ging weiter, mir wurde mitgeteilt, dass ich diese Stelle nicht behalten würde. Die Abteilungsleiterin und die Kollegen wollten nicht weiter mit mir zusammen arbeiten, plausible Gründe wurden mir nicht mitgeteilt.

Mein ganzes Leben fiel wieder zusammen, Jasmin krank, psychisch krank, das gemobbe im Krankenhaus fing wieder an, würde dieses Laufen im Hamsterrad niemals aufhören?

Sollte ich jetzt wieder klagen? Ich nahm mal wieder Kontakt mit dem Betriebsrat auf, dieses Mal war eine andere Mitarbeiterin für mich zuständig und die kniete sich auch in meinen Fall hinein. Ich hatte das Gefühl endlich mal unterstützt zu werden. Sie schaltete auch den Betriebsarzt ein und kümmerte sich wirklich um mich. Die brauchte jetzt einige Tage Zeit, um sich in meinen Fall reinzuarbeiten und die ließ ich ihr gerne.

Jetzt war endlich der Termin beim Psychiater, nach einem längeren Gespräche stellte er Jasmin ein Rezept über Antidepressiva aus, die Wirkung sollte sich so in spätestens drei Wochen einstellen.
Wir hatten die Hoffnung, dass sich der Zustand dadurch wieder bessern würde und wollten auch geduldig sein. Jasmin blieb weiter zu Hause und wartete auf die Wirkung.

Ich war wieder auf der Arbeit und hatte wieder ein Personalgespräch, an dem auch die Mitarbeitervertreterin des Betriebsrats teilnahm. Man legte mir nahe, mich auf andere ausgeschriebene Stellen im Haus zu bewerben, da ich an diesem Arbeitsplatz nicht weiter beschäftigt werden würde. Man wolle mich dort einfach nicht mehr haben, wenn der Vertrag zum 31.12. ausliefe, daran könne auch die Personalabteilung nichts machen.
Ich hatte dann noch ein Gespräch mit der Vertreterin vom Betriebsrat, sie frage mich, warum ich mich vom Kathetherlabor hatte versetzen lassen. Ich erzählte ihr, dass die Abteilung das verlangt und der Betriebsrat mir damals dazu geraten hatte. Sie verstand das nicht und teilte mir mit, dass die Abteilung mich auch als Teilzeitkraft mit Einschränkungen der Arbeitszeit hätte weiter beschäftigen müssen. Das hatte mir damals keiner gesagt, ich hätte mir also die Rumreiserei im Haus von Abteilung zu Abteilung sparen können, was für eine Verarsche. Mir kam wieder der Verdacht, dass irgendjemand im Haus mich loswerden und mir Schaden wollte, doch wer?

Es war dann kurz vor Weihnachten und ich freute mich auf meinen Urlaub und darauf, dass Jasmin Ferien hatte und ich nicht jeden Tag die Diskussion über die Schule führen musste. Ich wünschte mir nur ein paar Tage ohne Ärger und Stress.

Bevor ich meinen Urlaub antrat, wurde mir noch mitgeteilt, dass ich nach dem Urlaub in eine andere Abteilung wechseln müsste, da diese Stelle dann neu besetzt wäre. Ich fragte wo ich mich dann melden sollte, die Personalchefin, mit der ich inzwischen meine Verhandlungen führte, wusste auch noch nicht wohin mit mir. So machten wir aus, dass ich mich an meinem ersten Arbeitstag im neuen Jahr bei ihr melde sollte und sie mit mir dann abklären wollte, wie es weiter gehen würde.

Es war mir jetzt auch egal, dieser Falschheit, in dieser Abteilung und dem gesamten Haus, wollte ich eigentlich nicht mehr ausgesetzt sein. Ich hatte die Hoffnung auf einen Arbeitsplatz dort für mich schon aufgegeben.

Ich merkte jetzt auch, dass es gesundheitlich bei mir wieder bergab ging und freute mich auf eine kurze Auszeit.

Endlich war es soweit, Urlaub, Gelegenheit um ein bisschen Abstand zu den Problemen am Arbeitsplatz zu bekommen. Ich freute mich jedes Jahr auf Weihnachten, ich mochte diese Tage, an denen es etwas gemächlicher zuging. Die kurzen, dunklen Tage und überall die Weihnachtsbeleuchtungen.

Es sollten besondere Tage werden, denn es war das erst Weihnachtsfest im neuen Haus. Auch die Arbeiten hier ruhten, die Dachdecker hatten jetzt auch erst Mal drei Wochen Pause und die Verputzer wollten auch gleich im neuen Jahr mit den Arbeiten weiter machen. Das Gerüst stand auch schon seit drei Monaten ums Haus herum und wir mussten uns immer vorbei quetschen. Dadurch erstrahlte das Haus leider nicht im festlichen Glanz. Seit dem ersten Advent hatte es geschneit, es sah alles so schön weihnachtlich aus.
Wir bereiteten uns auf die Feiertage vor, putzten und kauften ein, schmückten den Weihnachtsbaum. Leider kam bei Jasmin mal wieder keine Weihnachtsstimmung auf, sie hasste diese Tage und sparte auch nicht damit, diese Einstellung preis zu geben. Wie jedes Jahr.
Für den Heiligen Abend hatten wir Michaels Schwester und Vater zum Essen eingeladen, meine Mutter und Christine hatten abgesagt wegen des Schnees, sie hatten eine Anfahrt von ca. 30 Km zu uns, ich konnte das verstehen.

Wir waren an den Vorbereitungen für diesen Abend, der letzte Weihnachtsschmuck wurde aufgestellt und wir fingen an, dass Essen vorzubereiten. Wir freuten uns auf diesen Abend und unseren Besuch. Jasmin hatte sich vor einigen Tagen von ihrem Freund Alex getrennt und jetzt einen neuen Freund. Dieser hatte eine eigene Wohnung und die beiden wollten dort die Weihnachtsfeiertage verbringen. Wir hatten verabredet, dass sie am zweiten Feiertag mit meiner Mutter und Christine hierher zum Essen kommen sollten, doch sie rief mich am Heiligen Abend an, machte mir nur Vorwürfe und sagte ab. Von da an war dieser Tag für mich gehalten. Ich konnte nur noch weinen und mich nicht mehr beruhigen. Es tat so weh, so schlecht von ihr behandelt zu werden.

Ich wollte gerne wissen, was dieser Freund für ein Typ war. Doch sie sagte nur, es wäre besser wenn ich nichts von ihm wüsste, sonst würde ich mir nur noch mehr Sorgen machen.

Ich versuchte mich zusammen zu reisen und Essen zu kochen, Michaels Vater sagte dann auch noch ab und so aßen wir zu dritt und versuchten zu feiern. Es lenkte mich ein bisschen von den Problemen ab. Als meine Schwägerin gegangen war, konnte ich wieder nur heulen, es war ganz schrecklich. Ich hatte das Gefühl mein einziges Kind verloren zu haben. Michael tröste mich immer wieder. Am nächsten Tag hätte ich am liebsten die Einladung von meinem Schwiegervater abgesagt, aber der konnte ja auch nichts dafür und das hätte die Situation auch nicht geändert. So folgten wir der Einladung und liefen mit Lilly durch den Schnee zu ihm, die Schwägerin hatte dort geschlafen und Mittagessen gekocht. Es war schön und lenkte auch wieder etwas ab. Schon auf dem Heimweg schossen mir wieder die Tränen in die Augen und daheim ging das Geheule weiter. Jedes Telefonat mit Jasmin machte die Situation noch schlimmer. Sie erzählte mir dann, sie wollte nach Weihnachten zu diesem Typ ziehen. Inzwischen wusste ich dann von ihr, dass er den Führerschein abgenommen bekommen und im Gefängnis gesessen hatte, alles natürlich ohne eigene Schuld. Er sei ein Opfer der Justiz und sei so ein guter Kerl. Sie konnte nicht verstehen, dass ich skeptisch war. Um mir zu beweisen, was er für ein guter Kerl war, stimmte sie dann zu, am zweiten Feiertag wie zuvor geplant mit meiner Mutter und Christine und IHM zum Essen zu kommen. Christine musste sie abholen, da

er ja unverschuldeter Weise keinen Führerschein mehr hatte. Da ich etwas gegen Vorurteile hatte, und jedem eine Chance gab, hatte ich zugestimmt. Als sie ankamen, war sie sehr distanziert, nahm mich zur Seite und drohte mir, wenn ich etwas Falsches sagen würde, sofort zu gehen. Er machte einen verpennten und nicht sehr intelligenten Eindruck, genauso, wie man sich seinen Schwiegersohn nicht wünscht.
Michael, meine Mutter und Christine waren auch nicht sehr begeistert von ihm und von Jasmins Verhalten.
Dieses Weihnachten war für mich so auch keine Erholung gewesen, sondern der reinste Horror. Ich hatte Angst, das Jasmin jetzt noch mehr abdriften würde und ich war noch machtloser als vorher.
Sie verbrachte die ganzen Ferien bei ihrem Freund und wollte von dort aus nach den Ferien zur Schule gehen, die sich in der gleichen Stadt befand. Sie wollte dann bald zu ihm ziehen.

Silvester verbrachten wir zu Hause mit Freunden, es war ein schöner Abend und ich hoffte, dass das neue Jahr besser werden würde als das alte, denn schlechter ging ja kaum.

---

15 Neues Jahr, alte Probleme

Das neue Jahr hatte begonnen und das Gedankenkarussell in meinem Kopf drehte sich jetzt wieder etwas schneller. Es drehte sich um Jasmin und um meinen Job. Jasmin hauste noch bei ihrem Knastbruder Freund in der Stadt und ließ mich nicht an sich heran, jedes Mal, wenn wir uns trafen oder telefonierten endete das im Streit. Diese Situation machte mich fertig, dann kam die Frage, wie es jetzt im Krankenhaus für mich weitergehen sollte. Mich wollte doch dort sowieso niemand mehr, was hatte ich für Alternativen? Keine Ahnung!

Der Urlaub war um und ich musste wieder zur Arbeit, aber zu welcher? Das war ein Scheißgefühl, ich fuhr zur Arbeit und wusste nicht, wo ich diesmal eingesetzt werde sollte, wer sich bereit erklärt hatte, mich zu beschäftigen. Ich fuhr ins Krankenhaus mit einem mehr als mulmigem Gefühl im Bauch und der Frage im Kopf, was ich dort überhaupt noch sollte. So begann das neue Jahr nicht besser, als das Alte aufgehört hatte. Ich kam aus diesem Job-Tief einfach nicht mehr raus. Ich fing auch an, an mir selbst zu zweifeln. War ich wirklich so unbrauchbar geworden? Meine ganzen Arbeitszeugnisse, die ich bis jetzt erhalten hatte waren einwandfrei. Es konnte doch nicht sein, dass ich mich so zum Schlechten entwickelt hatte. Was war nur los? Wer wollte mich da loswerden? Ich hatte einige verdächtige im Kopf, doch mir fehlten die Beweise.

Ich ging dann zum Büro der Personalchefin, die mir versichert hatte, dass sie das Alles auch nicht verstehen konnte und der Situation gegenüber sprachlos war.
Diese hatte eine freie Stelle in einem Sekretariat als Schreibkraft gefunden, dort wurde dringend ein Ersatz gesucht. Sie fragte mich, ob es für mich in Ordnung sei, dort zu arbeiten. Ich nahm das Angebot an und wir verabredeten, dass ich mir das eine Woche ansah und dann eine Bewerbung für die offene Stelle einreiche sollte, bei gefallen.
Sie brachte mich auch persönlich zu diesem Arbeitsplatz und besprach das weitere Vorgehen mit der Leiterin des Büros. Diese stellte mich den Kolleginnen vor, die ich ja teilweise schon kannte und erklärte mir, was zu tun war. Ich setzte mich auf den freien Platz, hörte mir Diktate an und schrieb. Die Arbeit da war monoton, aber erträglich. Es funktionierte auch Tag für Tag besser und ich verstand mich gut mit den Kolleginnen. Es gab keine Probleme und ich bewarb mich auf diese Stelle.

Ich hatte das Gefühl, dass man dort mit mir zufrieden war, es kam keine Kritik. Aber ich hatte an den Stellen zuvor ja schon gelernt, dass das nicht unbedingt etwas zu bedeuten hatte. So war ich skeptisch, versuchte aber, mir diese Skepsis auszureden.
Dann kam das Vorstellungsgespräch mit dem Chefarzt dieser Abteilung, indem dieser sehr distanziert und wenig begeistert von mir wirkte.
Jetzt kam auch ständig Kritik von der Chefsekretärin, sie zeigte mir Fehler, von denen ich wusste, dass ich diese nicht gemacht hatte. Es waren Begriffe aus dem Bereich indem ich vorher gearbeitet hatte und auf die ich sehr

geachtet hatte beim Schreiben. Das kam mir komisch vor und ich nahm wieder Kontakt zum Betriebsrat auf, die für mich zuständige Mitarbeiterin wollte zum nächsten Gespräch mitgehen. Auch dort warf man mir Unfähigkeit vor und beschloss, die Stelle nicht mit mir zu besetzen.
Immerhin war dieser Chefarzt sehr gut mit dem Chefarzt, für den ich vorher gearbeitet hatte bekannt. Für mich war das Mobbing, doch ich konnte es leider nicht beweisen. Ich redete dann nochmal mit der Personalchefin im Beisein der Betriebsrats-Mitarbeiterin, auch die Personalchefin war sprachlos. Sie riet mir dann, mich erst Mal krankschreiben zu lassen. Da ich total fertig war, tat ich das auch.

Die Situation war unglaublich belastend und erdrückend für mich, sollte das mein berufliches Aus sein mit Anfang 40, untauglich fürs Arbeitsleben und in jeder Hinsicht unfähig? Das konnte doch nicht sein.

Ich ging zu meinem Hausarzt und ließ mich krankschreiben, ich erzählte ihm, wie ich mich fühlte. Mir ging es wirklich sehr schlecht. Meine Burn-Out-Symptome meldeten sich auch wieder zu Wort, was ich immer noch nicht verstand. Naja, ich konnte wieder nicht schlafen, war natürlich depressiver Stimmung, hatte Magen- und Rückenschmerzen und Migräne, die mir fast den Kopf platzen ließ.
Ich war dann längere Zeit krank und hatte einige Termine mit der Betriebsrats-Mitarbeiterin und dem Betriebsarzt. Die beiden erzählten mir jedes Mal, ich sollte nicht aufgeben und diesen Kampf ausfechten bis mir

Recht wiederfahren würde. Ich wurde immer schwächer, ich wollte und konnte nicht mehr.

Ich suchte mir Alternativen, ich überlegte, wie ich mich weiterbilden konnte und wie ich evtl. eine selbstständige Tätigkeit aufbauen könnte. Das war schwierig als Arzthelferin, ich wollte diesen Scheißberuf nicht weiter ausüben. Ich hatte diesen nie erlernen wollen und jetzt quälte er mich so.
Das war das Zeichen für mich, dass ich die Richtung ändern sollte.
Ich überlegte und überlegte, außer, dass ich mich für Psychologie interessierte fiel mir nichts ein.
Ich forderte mir Unterlagen von einem Institut für Fernstudiengänge an, ich surfte im Internet und fand verschiedene Heilpraktiker Schulen, doch mir schien alles zu kompliziert, immerhin war ich schon Anfang 40 und dann noch Mal neu anfangen? Aber in meinem Beruf sah ich auch keine Chancen mehr für mich. Also was tun? Zum Rente einreichen war ich ja noch zu jung, wenigstens gab es etwas, wofür ich zu jung war, hurra. Michael ertrug das Alles an meiner Seite, doch verstehen konnte er nichts, ich glaube, dass er der Meinung war, dass ich an dieser Situation nicht unschuldig war, doch er sage es nicht.

Ich bekam natürlich auch Existenzängste, bis jetzt konnte ich immer Jasmin und mich selbst ernähren und die Stadtwohnung selbst finanzieren, doch wie sollte das weiter gehen? Meine Ängste wurden immer größer. Auch wenn ich verheiratet war, so hatte ich immer noch genügend Stolz um mit den Belastungen des täglichen Lebens selber klar kommen zu wollen. Ehrlich gesagt war ich wirklich am Boden zerstört und an einem weiteren Tiefpunkt meines Lebens angekommen. Manchmal fragte ich mich, ob ich nicht doch selbst an dem ganzen Elend schuld war und ich fragte mich, womit ich das verdient hatte. Doch die Antworten gab mir keiner.

Es war Winter und ich saß hier fest, an diesem Ort am Ende der Welt, total eingeschneit. Ums Haus stand immer noch das Gerüst für die Verputzer. Weil es so lange kalt war und geschneit hatte stand das Gerüst jetzt schon über vier Monate und die Arbeiten konnten nicht weiter gehen.

Jasmin war irgendwann zur Vernunft gekommen und hatte die Beziehung zu dem Knastbruder beendet, als sie ihn dann doch durchschaut hatte. Sie kam wieder nach Hause und war vorher wieder nicht regelmäßig zur Schule gegangen. Wegen des schlechten Wetters fuhren die Schulbusse von hier oft gar nicht ab, das hieß, die Fehltage häuften sich wieder und bald sollte die Abschlussprüfung sein. Wie sollte sie die schaffen? Es war alles ein Chaos. Ich hatte nicht nur Angst um meine Zukunft, sondern auch um Jasmins.
Jasmin wurde Michael gegenüber immer feindseliger und er ihr gegenüber ebenso. Die Situation in unserer kleinen Familie spitzte sich auch immer mehr zu. Michael war doch im Moment mein einziger Halt, was sollte ich nur tun? Ich war so machtlos wie noch nie und hatte auch keine Kraft mehr.

In der ganzen Zeit waren mir der Kater Moritz und die Hündin Lilly eine echte Stütze gewesen, ich konnte ihnen alles erzählen, sie hörten immer liebevoll zu, ohne wertend zu sein. Lilly strahlte so viel Lebensfreude aus, wenn wir mit ihr Gassi gingen. Sie sprang so unbeschwert auf den Wiesen herum, es machte Spaß, ihr dabei zuzusehen. Moritz gewöhnte sich jetzt auch langsam an das Leben im Freien, er war bis zu dem Umzug eine reine Wohnungskatze gewesen und traute sich jetzt langsam, immer etwas weiter raus. Durch die beiden fühlte ich mich nicht ganz so einsam, ich hatte hier im Ort noch immer keine Kontakte knüpfen können. Wie auch, mit dieser Stimmung und den Problemen im Kopf.

Jasmin fing jetzt wieder an Druck wegen des Dachausbaus zu machen, doch desto mehr sie quengelte, desto mehr trat Michael auf die Bremse. Ich stand dazwischen. Jasmin war selbst aber nicht bereit mitzuhelfen. Die weiteren Umbaumaßnahmen gingen also nur sehr langsam vorwärts.

Es war Sonntag, Michael und ich fuhren zu einer Baumesse in die Stadt um uns Anregungen für den weiteren Ausbau des Hauses zu holen. Uns fehlten noch eine Treppe, die ins Dachgeschoss führen sollte und Wände die, die dort noch gestellt werden mussten. Also machten wir uns auf den Weg.

In einer der Messehallen war auch ein Stand der Heilpraktiker Schule, die sich in unserer Nähe befand. Ich näherte mich dem Stand und sah ein Plakat für die verschiedenen Ausbildungsgänge dieser Schule und ich laß: „Ausbildung zum Heilpraktiker für Psychotherapie/ psychologischer Berater.“

Ich unterhielt mich mit der Leiterin dieser Schule, die den Stand beaufsichtigte. Es war ein interessantes Gespräch. Sie packte mir Info-Material ein und wir gingen weiter. Sie hatte mir auch angeboten, dass wir mal einen Termin zu einem Gespräch vereinbaren könnten, falls ich Fragen dazu hatte.

Diese „Heilpraktiker für Psychotherapie Ausbildung" ging mir nicht mehr aus dem Kopf, würde ich dort lernen können, Jasmins Probleme abzufangen? Besser mit all den momentanen Problemen umzugehen?
Konnte man diesen Beruf selbstständig ausüben und Geld damit verdienen? Durch meinen Kopf schossen so viele Fragen zu diesem Thema. Konnte das meine neue Perspektive sein?
Es ließ mir keine Ruhe und ich vereinbarte einen Termin zu einem Beratungsgespräch.

Ich fuhr dann zur Heilpraktikerschule und redete fast zwei Stunden mit der Schulleiterin, sie war sehr nett und einfühlsam. Ich informierte mich über die verschiedenen Studiengänge, deren Abläufe und die Kosten. Da ich aber nicht so richtig planen konnte, weil ich noch im Angestelltenverhältnis war und nicht wusste, wie das weiter ging, meldete ich mich noch nicht an. Trotzdem ging mir die Sache nicht mehr aus dem Kopf.

Ich wurde immer weiter krankgeschrieben und die Mitarbeiterin vom Betriebsrat hatte mir geraten, so weiter zu machen und für mein Recht auf einen Arbeitsplatz im Krankenhaus zu kämpfen, doch mir ging langsam die

Puste aus. Die Situation belastete mich sehr, obwohl ich inzwischen von einigen Kollegen aus anderen Abteilungen gehört hatte, dass man mit ihnen genauso umgegangen war. Dadurch ging es mir aber nicht besser und ich wollte nicht ewig krank sein.

Mir wurde immer deutlicher, dass ich in diesem Haus keinen festen Boden mehr unter die Füße bekommen konnte und ehrlich gesagt, ich hatte auch keine Lust mehr weiter dort zu arbeiten.

Irgendwann stellte ich mir die Frage, ob ich es wirklich nötig hatte, unter solchen unwürdigen Umständen arbeiten zu müssen und die Antwort hieß:

„ NEIN.“

Da es mir schon bei dem Gedanken, dieses Krankenhaus zu betreten, übel wurde und ich mich dann einfach nur schlecht fühlte, sprach ich mit dem Betriebsarzt über die Situation und frage ihn um Rat.

Ebenso bezog ich den Betriebsrat mit ein, dieser wollte, dass ich weiter kämpfe aber ich konnte und wollte nicht mehr.

Kündigen wollte ich nicht einfach so, dann hätte ich eine Zeit lang kein Arbeitslosengeld bekommen, doch von irgendwas mussten Jasmin und ich ja auch leben.

Es gab dann einen gemeinsamen Termin mit der Personalchefin, ich erklärte ihr, dass ich unter diesen Umständen hier nicht weiter arbeiten konnte und wir zogen die Möglichkeit eines Auflösungsvertrages aus gesundheitlichen Gründen in Betracht. Zu Hause redete ich mit Michael über diese Möglichkeit und musste erst Mal darüber nachdenken.

Ich wusste, dass wenn ich mich nicht von diesem Arbeitgeber trennen würde, ich auch keine Chance mehr hatte, gesund zu werden. So nahm ich Kontakt mit dem Arbeitsamt auf und unterschrieb diesen Auflösungsvertrag. Mir war bewusst, dass ich jetzt arbeitslos sein würde, doch ich hatte meiner Gesundheit zuliebe keine andere Wahl, ich wäre sonst zu Grunde gegangen.

Jetzt war der richtige Zeitpunkt gekommen für eine Aus- oder Weiterbildung. Da ich dem Arbeitsmarkt zur Verfügung stehen musste, wollte ich keine Vollzeitausbildung machen.

Doch ich wollte jetzt Heilpraktikerin für Psychotherapie werden, aber die nebenberufliche Ausbildung wurde an der Schule, an der ich mich beraten lassen hatte, hauptsächlich abends und an den Wochenenden angeboten. Ich hatte keine Lust, immer wenn Michael daheim war, zur Schule zu fahren, so suchte ich weiter nach anderen Möglichkeiten.

Nicht weit von meinem Wohnort wurde ich dann im Internet auf eine andere Heilpraktiker Schule aufmerksam, welche die Ausbildung berufsbegleitend als Blockunterricht in Abständen von sechs bis acht Wochen angeboten hatte. Dieses Schema gefiel mir besser, da der neue Ausbildungslehrgang schon in vier Wochen starten sollte, machte ich zügig einen Termin zum Beratungsgespräch aus und meldete mich kurz danach an. Ich freute mich auf den Unterricht und war gespannt wer mir dort alles begegnen würde. Ich war schon lange nicht mehr zur Schule gegangen und ich war aufgeregt.

Für mich fühlte sich diese Entscheidung wie ein beruflicher Neuanfang an und genau den brauchte ich jetzt.

16 Immer schlimmer

Jasmin ging immer weniger zur Schule und ich fragte sie, wie sie die Prüfung schaffen wollte. Sie meinte, das letzte Schuljahr sei nur Wiederholung des Stoffes, sie würde das trotzdem schaffen. Ich hatte da meine Zweifel und Michael sowieso. Immerhin sollte in vier Wochen die Abschlussprüfung sein.

Eines Abends, wir waren gerade mit dem Abendessen fertig, da klingelte es an der Haustür. Jasmin hatte, wie immer, nicht mit am Tisch gegessen, sondern in ihrem Zimmer, das machte sie immer so, um uns ihre Antipathie spüren zu lassen.

Ich ging dann zur Haustür um zu öffnen und dachte, dass dort Freunde von Jasmin stehen würden. Da hatte ich aber falsch gedacht, vor mir stand der Schulleiter, Herr Müller persönlich und ohne Anmeldung, ich ahnte schlimmes. Er wollte mit Jasmin und mir reden. Jasmin kam nur widerspenstig zum Gespräch dazu. Herr Müller teilte uns dann mit, dass er Jasmin nicht zur Prüfung zulassen würde, da sie zu viele Fehltage hatte. Ich war geschockt und Jasmin auch, damit hatten wir nicht gerechnet. Ich fragte, warum die Schüler nicht erst mal ermahnt wurden, um ihnen noch eine Chance zu geben. Herr Müller sagte dann, dass sich die Schüler über diese Maßnahme hatten bewusst sein müssen, wenn sie dauern schwänzen würden. Ich erklärte ihm, dass Jasmin nicht geschwänzt hatte, sondern krank sei und auch ärztliche Bescheinigungen abgegeben wurden. Er war der

Meinung, dass würde auch nichts ändern. Er wäre jetzt auf der Rundreise und würde einigen Schülern mitteilen, dass er sie nicht zur Prüfung zulassen wollte. Er habe das so entschieden und wir könnten nichts dagegen machen.

Also kein Realschulabschluss oder gar kein Schulabschluss? Herr Müller erklärte dann, es sei ein unqualifizierter Hauptschulabschluss. Ich erinnerte ihn dann daran, dass ich ihm am Anfang des neunten Schuljahres vorgeschlagen hatte, mit den Schülern der Realschule die Hauptschulprüfung zu machen, damit die, die keine Realschulprüfung schaffen, dann wenigstens einen qualifizierten Hauptschulabschluss hatten. Er hielt das damals nicht für nötig. Jetzt hatten wir den Senf. Ich frage ihn, ob Jasmin jetzt die 10. Klasse und die Prüfung nochmal machen könnte. Er erklärte mir daraufhin, dass das nicht gehen würde, da Jasmin im Sommer 18 Jahre alt werden würde und somit nicht mehr unter die Schulpflicht falle. Sie hatte jetzt keinen Anspruch mehr auf einen Schulplatz. Sie könnte sich auch mit einem unqualifizierten Abschluss eine Lehrstelle suchen.

Oh Gott, was jetzt? Wie sollte Jasmins berufliche Zukunft jetzt aussehen? Eigentlich hatten wir mal geplant, dass sie das Abitur machen sollte und jetzt das, ein unqualifizierter Hauptschulabschluss, was würde sich damit wohl für einen Beruf lernen lassen und wer stellte so jemanden ein?

Michael machte uns, wie immer in solchen Situationen Vorwürfe, es kam der Spruch: „Das hatte ich ja voraus gesagt. Jasmin hätte zur Schule gehen müssen, dafür hättest du sorgen müssen.“ Ich entgegnete ihm dann, dass die Zeiten in denen ich Jasmin aus dem Bett genommen, gefüttert, angezogen und dann zur Schule gebracht hatte lange vorbei waren. Er kochte diese blöde Situation noch weiter hoch und kapierte nicht, dass er die Situation dadurch nur noch schlimmer gemacht hatte. Er hatte kein Verständnis dafür, dass Jasmin in ihrem jungen Leben schon viel durchgemacht hatte und ihre Psyche dadurch einige Kratzer bekommen hatte. Er hatte auch kein Verständnis dafür, dass sie mitten in der Pubertät war. Er war ja immer so ein vorbildliches, gehorsames und liebes Kind gewesen. Ich nicht, Gott sei Dank und ehrlich gesagt, wollte und werde ich nie so sein.

Naja nun war das Kind in den Brunne gefallen, dass ließ sich nicht mehr ändern. Wir mussten jetzt nach anderen Möglichkeiten suchen. Ich versuchte immer nach vorne zu schauen und mich nicht mit der Vergangenheit zu belasten. So versuchte ich, auch Jasmin zu trösten und für die Zukunft zu motivieren.

Wir suchten in der Datenbank des Arbeitsamtes nach noch offenen Ausbildungsstellen und überlegten, welche Berufe für Jasmin in Frage kommen könnten. Ich hatte ihr vorgeschlagen über eine Lehre in der Gastronomie nachzudenken, da sie morgens immer so schlecht aus dem Bett kam und abends aktiv war. Dort wurden auch Hauptschüler eingestellt, sie hatte sich dann für eine Ausbildung als Köchin und als Restaurantfachfrau beworben und fand meine Idee auch gut. Wir fragten auch bei der Fachoberschule nach, ob Jasmin dort ihren Schulabschluss qualifizieren konnte, doch zur Aufnahme dort reichte ihr Abschluss nicht, so hatte sie keine Chance weiter zur Schule zu gehen.

Ich sagte ihr immer wieder, dass es schon irgendwie weiter gehen würde und dass es nicht das Ende der Welt war, diese würde sich immer weiter drehen. Sie war ja noch so jung und konnte noch so viel erreichen. Es gab für mich keinen Grund jetzt den Kopf in den Sand zu stecken. War halt scheiße gelaufen, aber kein Grund zum Verzweifeln.

Michael sah das anders, ständig machte er uns beiden Vorwürfe, das kotzte mich wirklich an. Als wäre die Situation jetzt nicht belastend genug, er musste immer noch einen drauf setzen. Genauso wie Jasmins Vater, der sich nur zu Wort meldete, wenn etwas schief gegangen war.

Aber ich hatte in meinem langen Berufsleben gelernt, dass nichts wirklich schlimm ist, solange niemand daran stirbt. Man kann auch mit einem Hauptschulabschluss überleben!!!

Dazu stand ich und das teilte ich auch jedem mit, der es hören wollte, oder auch nicht.

Ich versuchte Jasmin Mut zu machen, damit sie sich jetzt nicht wieder ganz zurückzog und das gelang mir auch. Sie schrieb Bewerbungen und sie ging endlich zur Fahrschule, dort war sie schon seit dem Winter angemeldet, hatte sich aber bis jetzt kaum da blicken lassen. Immerhin würde sie im Sommer ihren 18. Geburtstag feiern. Ich hatte eigentlich geplant, dass sie bis dahin ihre Führerscheinprüfung bestanden haben sollte, aber das hatte sie nicht interessiert. Auch deshalb hatten wir schon einige Auseinandersetzungen gehabt.

Jasmin war jetzt zu Hause, sie brauchte die Schule nicht mehr besuchen. Meistens schlief sie bis mittags, was mich echt nervte. Egal was wir verabredet hatten, sie kam nie früh genug aus dem Bett.

Wenn sie dann mittags endlich aufgestanden war, führte ihr erster Weg zum Briefkasten, sie wartete jeden Tag auf die Antworten ihrer Bewerbungsschreiben. Nach einigen Tagen war es dann endlich soweit, sie bekam eine Einladung zu einem Vorstellungsgespräch in der Gastronomie. Sie hatte sich in diesem Betrieb auf eine Ausbildungsstelle als Restaurantfachfrau und auch als Köchin beworben.

Sie freute sich riesig und rief sofort dort an, um wie erbeten, einen Termin zu vereinbaren. Jasim bereitete sich dann auf den Termin vor, überlegte, welche Fragen gestellt werden könnten und wie sie darauf antworten würde, sie suchte sich passende Kleidung aus und sorge dafür, dass diese sauber und gebügelt war. Endlich erschloss sich ihr eine Zukunftsperspektive, das einzige Problem das auftreten konnte, war, dass sie keinen Führerschein hatte und sich dieses Restaurant in einem etwas abgelegen Ort befand. Doch das war kein wirkliches Problem, denn übergangsweise, bis sie den Führerschien hatte, konnte ich sie dorthin fahren und auch abholen. Wir waren beide optimistisch, da ich am Tag des Termins nicht zu Hause war, organisierte sie sich einen Freund, der sie hin fuhr.

Nach dem Vorstellungsgespräch rief sie mich sofort an, es war sehr positiv gelaufen, sie hatte ein sehr gutes Gefühl. Es ging um den Ausbildungsplatz zur Restaurantfachfrau, es handelte sich um ein Restaurant gehobener Klasse. Die Chefin vereinbarte mit Jasmin einen Termin zur Probearbeit und

Jasmin freute sich sehr darauf. An diesem Tag fuhr ich Jasmin zu dem Restaurant und holte sie später wieder ab. Die Chefin war sehr zufrieden mit Jasmins Arbeit und wollte uns dann, einige Tage später anrufen, wenn die anderen Bewerber auch gearbeitet hatten. Tatsächlich nach wenigen Tagen rief die Chefin des Restaurants an und teilte Jasmin mit, dass sie den Ausbildungsplatz bekommen hatte, wir fuhren dann nochmal hin um den Ausbildungsvertrag zu unterschreiben. Jasmin war außer sich vor Freude und ich auch, endlich ein Erfolgserlebnis. Jasmin fieberte dem ersten Arbeitstag entgegen und konnte es kaum erwarten endlich mir der Ausbildung anzufangen.

---

17 Neue Perspektiven

Der Job war sehr anstrengend, vor allem körperlich. Jasmin machte die Arbeit trotzdem Spaß, obwohl sie solche körperlichen Anstrengungen nicht gewöhnt war. Sie nahm in kurzer Zeit einige Kilos ab, aber das war nicht schlimm, da sie sowieso etwas übergewichtig gewesen war. Ihre Arbeitszeit begann meistens nachmittags um 17 Uhr und endete so gegen 23 Uhr. Wenn sie Schluss hatte, war sie immer wie erschlagen, ihr taten alle Knochen weh. In den Pausen wurde meistens im Betrieb gemeinsam etwas frisch Gekochtes gegessen, die Arbeit hatte ihr wirklich Spaß gemacht und sie verstand sich mit den Kollegen auch gut. Eine der Kolleginnen wohnte sogar bei uns im Dorf, sie holte Jasmin immer ab, wenn sie gemeinsam Dienst hatten. Wir waren alle sehr erleichtert und freuten uns sehr für Jasmin. In der Berufsschule lernte Jasmin dann ihre Mitschüler, die in anderen Betrieben ausgebildet werden sollten, kennen und sie tauschten sich aus. Manche hatten ganz schlechte Arbeitsbedingungen in ihren Betrieben und gaben nach ganz kurzer Zeit auf. Auch für Jasmin wurde es immer härter, sie hätte eigentlich Montag und Dienstag ihre freien Tage gehabt, weil das Restaurant dann geschlossen hatte, doch an diesen Tagen musste sie zur Berufsschule. Also hatte sie kaum freie Tage, aber da war sie kein Einzelfall.

Das Restaurant in dem sie arbeitete war wirklich sehr schön, ein sehr angenehmes Ambiente. Michael und ich reservierten, auf Jasmins Wunsch hin, einen Tisch und aßen dort. Was soll ich sagen, so gut hatte ich noch nirgends gegessen, der Abend dort war ein kulinarisches Erlebnis. In diesem Restaurant speisten auch sämtliche Promis aus der Gegend, z. B. Politiker.

Die Chefin hatte auch schöne Pläne für Jasmin, sie erzählte ihr, wenn sie die Ausbildung durchhalten würde, könnte sie später auch nach Österreich in ein Hotel, zu dem sie gute Beziehungen hatte und sich dann noch im Hotelfach weiterbilden lassen. Das hörte sich sehr gut an und wäre schön gewesen, doch die Chefin hielt auch nicht damit hinter dem Berg, dass die Ausbildung eine harte, zehrende Zeit werden würde. Sie mochte Jasmin sehr gern und betonte immer, dass Jasmin das Herz am richtigen Fleck hätte.

Nach einigen Wochen ging es Jasmin körperlich sehr schlecht, sie war krank und konnte nicht arbeiten gehen, im Betrieb nahm man ihr das nicht krumm. Die Chefin sagte, das wäre bei den anderen Azubis am Anfang auch so gewesen, das wäre die Eingewöhnungsphase, sie sollte sich da keinen Kopf machen. Verständnis am Arbeitsplatz, das war mal was Neues für mich, nach meinen eigenen, schlechten Erfahrungen. Schön, dass es sowas noch gab.

Jetzt waren es nur noch zwei Wochen bis zu Jasmins 18. Geburtstag, ich glaube, ich hatte mich mehr auf diesen Tag gefreut als Jasmin selbst. Für mich bedeutete dieser Tag endlich ein bisschen mehr Freiheit, sie würde 18 werden und ich ein Stück Verantwortung an sie abgeben können. Ich würde ihr nicht mehr ständig sagen müssen, was sie tun sollte und nicht mehr alle Entscheidungen für sie treffen müssen. Hurra, endlich frei, dachte ich. Ich hoffte auch, dass sie sich bald zu ihrer Führerscheinprüfung anmelden würde. Um sie zu motivieren, schaute ich mir die Kleinanzeigen der Lokalzeitung an und suchte nach einem kleinen gebrauchten Wagen für sie, damit sie sofort nach bestandener Prüfung lossausen konnte, immerhin wurde sie bald 18, hurra!

So telefonierte ich an diesem Wochenende sämtliche Kleinwagenanbieter durch und sah mir auch Autos an. Ich hatte mir in den Kopf gesetzt, Jasmin zum 18. Geburtstag ein kleines Auto zu schenken.
So blieb ich an einem Ford Ka hängen, welcher preislich in meinem Budget lag und den ich richtig knuffig fand, ich hätte den auch selbst gefahren, ein wirklich putziges Auto. Ich kaufte es und es wurde vom Verkäufer noch am gleichen Tag gebracht. Michael meinte nur, ich hätte mit dem Autokauf warten sollen, bis Jasmin die Prüfung bestanden hätte. Das war ja klar, aber ich ließ mir die Vorfreude nicht verderben. Dann stand das Auto im Hof, und Jasmin freute sich, der Ka gefiel ihr. Er lief gut und sah auch in Ordnung aus.

Jasmin war dann immer mal wieder krank und erholte sich nicht so richtig. Sie hatte dann auch noch eine Magenschleimhautentzündung, die einfach nicht ausheilen wollte. Ich musste dann immer an ihrem Arbeitsplatz anrufen und sie krank melden, da es ihr zu peinlich war. Sie lag zu Hause und weinte weil sie Angst um ihren Ausbildungsplatz hatte. Als ich dann wieder Mal anrief, um sie krank zu melden, vereinbarte die Chefin einen Termin, zu dem wir gemeinsam erscheinen sollten. Dieser Termin fand zwei Tage vor Jasmins 18. Geburtstag statt und wir ahnten schlimmes. Es kam wie es kommen musste und die Chefin teilte uns mit, das sie den Eindruck hatte,

dass Jasmin noch nicht reif genug für diesen Job war. Sie betonte immer wieder, dass sie Jasmin sehr gerne mochte, sie aber auch dachte, dass Jasmin für diesen Job noch zu jung war und sich, wenn sie weiter machen wollte, keinen Gefallen tun würde. Sie erklärte uns, dass die Situation im Laufe der Ausbildung noch sehr viel härter werden würde und sie deshalb den Ausbildungsvertag lösen wollte. Jasmin war am Boden zerstört, sie hatte doch alles in ihrer Macht stehende getan und dann wieder so ein Pech. Sie ging weinend aus dem Restaurant und mir war auch zum Heulen. Schon wieder war ein Traum für Jasmin zerplatzt, warum wurde sie immer so bestraft, warum meinte es das Schicksal es immer wieder so schlecht mit ihr.
Ich versuchte sie zu beruhigen, doch das gelang mir nicht wirklich. Wir hatten eine große Geburtstagsparty geplant und Jasmin wollte jetzt alles absagen und das tat sie auch. Nur ihre engsten Freunde sollten an diesem Tag kommen und mit ihr „feiern". Diese Situation machte auch mich sehr traurig.
Tröstlich war, dass auch einige ihrer Freundinnen nur auf Umwegen ins Berufsleben gefunden hatten. Eine ihrer besten Freundinnen war gerade mitten im Prüfungsstress zur Altenpflegerin, doch sie nahm sich trotzdem Zeit um zu Jasmins Geburtstag zu kommen und backte ihr sogar eine Milka-Torte, die hatte ich noch nie hin bekommen.

Es kam dann der Tag vor dem wichtigen Geburtstag und Jasmin wollte mit einigen Freunden in den Geburtstag hinein feiern, sie wollten gemeinsam ausgehen in eine Disco. Als sie das Haus verlassen hatten, befestigte ich eine riesengroße, rote Schleife am Ford Ka, damit der kleine Kerl als

Geburtstagsgeschenk richtig glänzen konnte. Ich hatte so viel Freude dabei und war gespannt auf Jasmins Gesicht am nächsten Tag. Ich freute mich so sehr auf diesen 18. Geburtstag, als wäre es meiner. Es war aber auch ein sonderbares Gefühl, dass mein Kind jetzt erwachsen sein sollte, eine komische und unrealistische Vorstellung, aber auch irgendwie schön, befreiend und erleichternd.

18 Der 18. Geburtstag

Endlich war es 0.00 Uhr, jetzt war Jasmin 18 Jahre alt, da sie mit ihren Freunden zum Feiern unterwegs war, rief ich sie an um ihr zu gratulieren. Sie erzählte, dass sie in einer Disco waren und viel Spaß hatten, so konnte ich beruhigt zu Bett gehen und mich entspannen. Ich freute mich darüber, dass sie mal abschalten konnte und schlief zufrieden ein.

Etwas später in dieser Nacht riss mich das schrille Klingeln des Telefons aus dem Schlaf, einer von Jasmins Freunden war daran, nämlich der Fahrer der Gruppe. Er war total aufgeregt und erzählte mir, dass er mitten auf der Autobahn anhalten musste, weil Jasmin dringend zur Toilette gemusst hatte. Von da an sei sie verschwunden, sie hatte keine Schuhe und Jacke an und sei betrunken, ihre beste Freundin sei bei ihr und er konnte beide nicht erreichen. Er machte sich große Sorgen und ich auch. Von da an war die Nacht auch für mich gehalten. Ich versuchte pausenlos Jasmin zu erreichen, doch das gelang mir nicht. Der Freund hatte sie dann irgendwann kurz erreicht und erzählte irgendwas von einem Belgier. Ich hatte das alles nicht verstehen können und rief bei der Polizei an, aber die konnten auch nichts machen. Nach einiger Zeit klingelte wieder das Telefon und ein Mann mit ausländischem Akzent sprach mit mir. Er erzählte mir, dass er meine Tochter und ihre Freundin an der Autobahn eingeladen hätte und fragte mich, wo er sie hinbringen sollte, ob ich sie an einer Autobahnabfahrt in der Nähe abholen könnte. Ich schrieb mir die Handynummer des Mannes auf und wollte mich auf den Weg machen, da klingelte mein Handy, es war Jasmins Freund, er bot mir an Jasmin und ihre Freundin am verabredeten Treffpunkt, mit dem Mann, abzuholen. Oh Gott was für eine Nacht, es war wieder alles schief gelaufen, wie kann man sich nur so besaufen?

Einige Zeit später, es wurde schon fast hell, traf die Meute endlich zu Hause ein. Ich war froh, dass sich endlich alles geklärt hatte und wir gingen dann alle schlafen. Eine turbulente Nacht ging zu ende.

Gegen Mittag hatten alle ausgeschlafen und wir bereiteten die Geburtstagsfeier vor, die nun nur im kleinen Rahmen stattfinden sollte. Die Auswirkungen von dem Besäufnis waren durchaus noch spürbar. Naja, man wird nur einmal 18 und die Geburtstagsfeier war schön. Jasmin freute sich über ihr Auto und hatte sich vorgenommen jetzt konsequenter zur Fahrschule zu gehen. Sie war noch immer sehr traurig über den Verlust ihres Ausbildungsplatzes.

Jasmin fing dann wieder an, Bewerbungen zu schreiben für verschiedene Ausbildungsstellen, doch es tat sich nicht viel. Wir schauten auch immer in den Kleinanzeigen der Lokalzeitung nach, ob eine passende Ausbildungsstelle ausgeschrieben war. Jasmin machte sich viele Gedanken, nicht nur über ihre berufliche Zukunft. Wir hatten mal über die Möglichkeit, den Schulabschluss an der Abendschule nachzumachen nachgedacht und Jasmin machte einen Termin dort um sich vor Ort zu erkundigen, ihre Freundin ging auch auf diese Abendschule und versuchte auf diese Weise

einen qualifizierten Abschluss zu erreichen. Sie wusste eigentlich zu diesem Zeitpunkt gar nicht was sie machen wollte.
Dann kam ihre Freundin, die Altenpflegerin, zu Besuch und wir redeten über Jasmins Problem, sie erzählte uns, dass sie auch den Hauptschulabschluss verbeutelt hatte. Sie hatte sich dann dazu entschlossen, die einjährige Ausbildung zur Altenpflegehelferin zu machen, um dem Realschulabschluss gleichgestellt zu sein und anschließend die Ausbildung zur Altenpflegerin machen zu dürfen. Sie erzählte dann noch wie viel Spaß ihr dieser Beruf machen würde und das es in diesem Bereich sehr viele freie Stellen geben würde. Ich fragte Jasmin dann, ob dieser Beruf nicht auch für sie interessant wäre, doch sie wehrte ab. Sie verbrachte den restlichen Abend dann noch alleine mit dieser Freundin. Für mich war somit auch das Thema Altenpflege abgehakt.

Am nächsten Morgen erzählte Jasmin, dass sie sich noch weiter mit ihrer Freundin über den Beruf der Altenpflegerin unterhalten hatte und dass diese sehr begeistert von diesem Beruf war. Sie hatte ihr viele schöne Szenen aus ihrem Berufsleben erzählt und war froh, einen Beruf ergriffen zu haben, in welchem sie keine Angst zu haben brauchte, arbeitslos zu werden. Sie hatte Jasmin auch erzählt, dass in diesem Bereich die Fachkräfte fehlen würden und dringend Auszubildende gesucht wurden. Sie hatte auch von der Berufsschule erzählt und was sie dort schon alles gelernt hatte.
Das machte Jasmin dann doch neugierig und sie informierte sich im Internet über diesen Beruf.

Einige Zeit später, entschied Jasmin, dass sie sich eine Ausbildungsstelle für den Beruf der Altenpflegehelferin suchen wollte. Sie telefonierte mit Pflegediensten und Pflegeheimen, schrieb Bewerbungen und ich fuhr sie zu Vorstellungsgesprächen.

Sie hatte dann auch schnell eine Stellenzusage bekommen, doch die Ausbildung würde erst in einem halben Jahr beginnen, so vereinbarte Jasmin mit der Leitung dieses Pflegedienstes erst mal die Führerscheinprüfung zu machen und dann einen Termin für ein Praktikum festzulegen . Dieser Betrieb befand sich in der Stadt, also brauchte Jasmin einen Führerschein, diesen hatte sie aber immer noch nicht. Sie versprach, sich jetzt intensiver um die Führerscheinprüfung zu kümmern.

19 Die Führerscheinprüfung

Jasmin hielt dieses Versprechen auch ein und meldete sich zügig für die theoretische Prüfung an. Ich fuhr mit ihr an diesem Morgen zum TÜV in die Stadt, sie war sehr aufgeregt, doch ich beruhigte sie und sagte ihr, dass sie die Prüfung sicher bestehen würde, immerhin hatte sie viel gelernt und sich sehr gut vorbereitet. Diese Situation war auch für mich sehr aufregend, ich wartete, während sie geprüft wurde. Dann wurde das Ergebnis verkündet und Jasmin hatte die Prüfung bestanden. Wir freuten uns und fuhren zu meiner Mutter, die wohnte in der Nähe der Stadt. Sie freute sich auch sehr über Jasmins Erfolg, jetzt musste Jasmin nur noch die Fahrprüfung bestehen und alles war gut. Jasmin hatte jetzt viele Fahrstunden und der Fahrlehrer, bei dem ich schon vor vielen Jahren meinen Führerschein gemacht hatte, meldete Jasmin zur Fahrprüfung an. Zwei Tage vor dem Prüfungstermin frage Jasmin mich, ob ich mal bei ihrer letzten Fahrstunde mitfahren wollte. Da ich Zeit hatte, fuhr ich auch mit. Der Fahrlehrer holte uns ab und Jasmin fuhr los. Nach einer kurzen Zeit zweifelte ich jedoch daran, dass Jasmin auch nur den Hauch einer Chance hatte, die Prüfung zu bestehen und ich sprach den Fahrlehrer darauf an. Er antwortete, dass er nicht davon ausging, dass Jasmin die Prüfung bestehen würde, sie sei noch nicht soweit. Ich frage ihn dann, warum er Jasmin angemeldet hätte, er sagte, weil sie unbedingt die Prüfung machen wollte. Wir beschlossen daraufhin, dass Jasmin an der Prüfung noch nicht teilnehmen sollte und noch ein paar Fahrstunden nehmen

musste. Jasmin sah dann auch ein, dass sie noch nicht soweit war, ich hätte sie mit dieser Fahrpraxis nicht guten Gewissens fahren lassen können, selbst wenn sie durch ein Wunder die Prüfung bestanden hätte.
Sie wollte unbedingt in diesem Jahr noch die Prüfung machen und es war jetzt schon Herbst.

Jasmin nahm immer wieder Fahrstunden und ich lernte für meine Heilpraktiker Ausbildung, ich hatte schon einige Wochenendseminare besucht und lernte auch zu Hause alleine, die Psychotherapie interessierte mich sehr und so machte mir das Lernen auch Spaß. Zwischen den Seminaren, sendete uns die Dozentin immer die neuen Themen und Aufgaben, des nächsten Blockunterrichtes, zur Einarbeitung zu. Es war eine Herausforderung, nach so vielen Jahren wieder zur Schule zu gehen, aber es machte Spaß. Meine Mitschülerinnen waren alles sehr nett, eine wohnte nicht weit von mir entfernt, und so beschlossen wir, uns ab und zu zum gemeinsamen Lernen zu treffen, sie hieß Britt. Inzwischen hatte ich im Nachbarort eine Aushilfsstelle als Arzthelferin angenommen, einen Minijob. Durch diesen Job kam ich wieder unter Leute und darüber war ich froh. Diese Arbeit ließ sich gut mit der Heilpraktikerschule vereinbaren. Hauptberuflich war ich ja immer noch arbeitslos.

Inzwischen war mir aber auch klar, dass ich nur mit der Ausbildung zur Heilpraktikerin für Psychotherapie nicht viel anfangen konnte, da bedurfte es noch weiterer Zusatzausbildungen um überhaupt irgendwann praktizieren zu können. Die Heilpraktiker Ausbildung würde also nur der Grundstock sein.

Die andere Heilpraktikerschule, bei welcher ich mich zuerst über meine Ausbildung erkundigt hatte, hatte ein viel größeres Angebot an Zusatzausbildungen, als die Schule an der ich mich dann angemeldet hatte und sie sendeten mir immer mal wieder solche Angebote zu und ich schaute auch immer wieder auf deren Website nach Seminaren. Ich sah dann ein für mich sehr interessantes Seminar, die Ausbildung zur Burn-Out Beraterin. Ich telefonierte mit der Schulleiterin und meldete mich an. Diese erzählte mir, dass ich mich mit dieser Ausbildung schon selbstständig machen könnte, wenn ich wollte. Ich könnte dann einen Existenzgündungszuschuss beim Arbeitsamt beantragen, allerdings würden sich da bald die Förderzeiten ändern. Sie riet mir, mich bei einem Existenzgründungsberater zu informieren und das tat ich auch. Ich vereinbarte dort einen Termin, zusammen mit Michael.

Nach dem Gespräch mit dem Berater beschlossen wir gemeinsam, dass ich mich nach Abschluss des Burn-Out-Beraterseminars, als psychologische Beraterin für Burn-Out, selbstständig machen würde.
Also richtete ich mir zu diesem Zweck ein kleines Zimmer in unserem Haus ein und meldete das Gewerbe dann an. Der Gründungszuschuss wurde auch bewilligt und es konnte losgehen. Mir war klar, dass ich nur mit dieser

Qualifikation nicht reich werden würde, aber es war ein Anfang. Ich entwarf Flyer, die ich auslegte und bastelte mir meine eigene Website aus dem Baukasten eines Anbieters zusammen. Vereinzelt kamen sogar Kunden.

Durch die Teilnahme an diesem Seminar hatte ich viel gelernt und mein erstes Zertifikat erhalten. Ich erfuhr auch viel über mich selbst, so verstand ich erstmals, dass ich tatsächlich unter einem Burn-Out gelitten hatte. In diesem Thema fand ich mich selbst mit meiner Krankengeschichte. So konnte ich meine Krankheit selbst bewältigen und Leidensgenossen umso besser helfen. Dieses Thema war sehr interessant und aufschlussreich für mich.

Ich war froh, dass Michael mich und mein Vorhaben so unterstützte.

Dann kam der Tag, an dem Jasmin die praktische Führerscheinprüfung hatte. Wir fuhren früh morgens, an einem eiskalten Wintertag mit trockenem Wetter zum TÜV in die Stadt. Während Jasmin geprüft wurde wartete ich angespannt auf sie. Als ich das Prüfungsauto ankommen sah, wurde meine Aufregung immer stärker und als ich Jasmin aussteigen sah, wusste ich sofort was es geschlagen hatte. Ihr Kopf war gesenkt und der Blick traurig. Sie war durchgefallen. Ich erzählte ihr, dass die meisten Leute beim ersten

Mal durchfallen und versuchte sie zu trösten. Sie erzählte mir dann, dass sie das Auto fast kaputt gefahren hatte, wenn der Fahrlehrer nicht eingegriffen hätte und dass sie Angst vorm Autofahren hatte. Sie sagte, dass sie nie wieder die Prüfung machen würde.

Sie war wieder Mal total deprimiert und schämte sich, weil sie durchgefallen war. Ich tröstete mich mit dem Gedanken, dass so mein Winter etwas ruhiger sein würde, da ich nun keine Angst haben musste, dass Jasmin einen Unfall bauen würde. Das beruhigte mich und so konnte ich auch Jasmin etwas beruhigen. Da sich der Fahrlehrer nicht richtig um sie kümmerte und sich nicht bemühte ihr die Ängste vorm Autofahren zu nehmen, wechselte sie die Fahrschule.

Jasmin hatte inzwischen auch wieder einen neuen Freund, er war recht ruhig und schien auch ganz nett zu sein. Er wohnte ein Stück weit entfernt von uns. Die Sache wurde kompliziert, da er für vier Wochen seinen Führerschein abgeben musste und Jasmin noch keinen Führerschein hatte. Wenn es möglich war schlief er bei ihr, ansonsten mussten sein Vater oder ich, die beiden fahren. Ich fuhr im Winter auch nicht gerne Auto, doch bald war Weihnachten und wir hatten dann alle frei.

Jasmin hatte inzwischen im Nachbarort einen Minijob gefunden, es handelte sich um Büroarbeit bei einer Computerfirma. Ich hatte sie dort immer hingefahren, war ja kein großer Aufwand für mich.

Das Praktikum in der Altenpflege musste jetzt noch ein wenig warten, es waren ja noch drei Monate bis zum Beginn der Ausbildung und bis dahin sollte der Führerschein bestanden sein.

Es war jetzt wieder kurz vor Weihnachten und Jasmin sollte ihren letzten Arbeitseinsatz vor den Feiertagen haben. Sie war an diesem Tag wirklich besonders schräg drauf. Ich wollte sie zur Arbeit fahren, doch sie fing an mit mir zu diskutieren. Sie machte mir wieder mal Vorwürfe weil wir das Dachgeschoss immer noch nicht ausgebaut hatten. Sie kramte wieder alles Schlechte hervor, dass ihr in den Kopf schoss. Der Streit eskalierte und sie rannte aus dem Haus, an ihrem Arbeitsplatz war sie nicht erschienen und ging auch nicht an ihr Handy. Sie schrieb mir eine SMS, in welcher sie ankündigte sich umzubringen. Als Michael nach Hause kam, war ich sehr aufgeregt und weinte. Ich war auch schon durch das Dorf gefahren, hatte sie aber nicht gefunden. Ich warf dann vor lauter Zorn und Verzweiflung mein Handy auf den Boden und das zerschmetterte in tausend teile. Ich machte mir wieder Sorgen um sie und machte Michael dann Vorwürfe, weil der Dachausbau immer noch nicht fertig war und nur zögerlich voran ging. Ich war langsam auch wieder Mal am Ende meiner Kräfte angelangt, weil ich immer alles abfangen musste und auf Dauer einfach nicht mal Ruhe und Frieden einkehren wollte, nicht mal zu Weihnachten.

20 Wieder mal Weihnachten

Am nächsten Tag war Heilig Abend und wir hatten, wie immer Michaels Vater und Schwester zum Essen eingeladen. Die Stimmung war den ganzen Tag angespannt und beruhigte sich nicht.
Jasmin verbrachte den ganzen Tag im Bett und wurde von Stunde zu Stunde unerträglicher, irgendwann ging ich zu ihr um sie zu beruhigen, doch da drehte sie erst richtig auf. Wir hatten wieder einen riesigen Streit und ich konnte nur noch heulen. Inzwischen kochte Michael das Essen und ich war völlig fertig. Jasmin ließ sich dann von einem Freund abholen.
Michael rief daraufhin seine Schwester Andrea an und erzählte ihr von unserer Situation, sie erzählte, dass ihr Vater nicht mitkommen wollte, aber sie würde kommen, dann könnte ich vielleicht etwas abschalten.
Sie kam dann auch zum Essen und wir sprachen über die Problem, von denen sie bis dahin nichts wusste, wer tritt auch schon gerne solche Probleme breit? Ist einem ja auch irgendwie peinlich.
Andrea erzählte dann von ihren Problemen in der Jugend und dass sie es auch nicht immer leicht hatte, sie zeigte viel Verständnis und Mitgefühl, dass hatte ich so nicht erwartet, da wir bis dahin kein so nahes Verhältnis hatten.
Der Abend verlief dann ruhig und sehr schön, wir aßen gemeinsam, tranken Wein und feierten unser kleines Weihnachtsfest. Irgendwann telefonierte ich dann noch mit Jasmin, sie war mit Freunden unterwegs und hatte sich inzwischen auch wieder beruhigt.

Ich dachte dann an das letzte Weihnachten und fragte mich, warum unsere Weihnachtsfeste immer von so viel Unruhe und Stress geprägt sein mussten. Die restlichen Feiertage verliefen diesmal etwas anders als sonst, ein Tag beim Schwiegervater, am zweiten Feiertag hatten wir Freunde und Familie zu einer Weihnachtsfeier geladen, auch Jasmin hatte sich einige Freunde eingeladen. Obwohl mancher abgesagt hatte, war die Feier trotzdem schön und wir hatten alle Spaß, auch Jasmin und ihre Freunde. Ich hatte sogar eine liebe Mitschülerin der Heilpraktikerschule eingeladen und mich besonders gefreut, dass sie zugesagt hatte und tatsächlich kam. Da sie kein Auto hatte, fuhr sie mit der Bahn und ich holte sie am Bahnhof ab.

Wieder lag ein ereignisreiches und anstrengendes Jahr hinter uns. Michael und ich feierten dieses Mal Silvester allein zu Hause, ganz ruhig und gemütlich. Jasmin feierte mit Freunden, wie immer telefonierten wir kurz nach Mitternacht und wünschten uns ein frohes neues Jahr. Wenigstens klang das alte Jahr jetzt ruhig und entspannt aus und so starteten wir in Frieden in das neue Jahr mit dem Wunsch und der Hoffnung, dass dieses etwas erfolgreicher verlaufen sollte.

---

21 Neues Jahr, neues Glück?

Auch im neuen Jahr nahm Jasmin fleißig Fahrstunden, doch der neue Fahrlehrer meinte, sie sei noch nicht fit für die Prüfung und das war ihr auch ganz recht so. Sie hatte immer noch Angst vorm Autofahren. Es war Winter, die Straßen glatt und verschneit. Sie hatte schon die eine oder andere Rutschpartie erlebt und fühlte sich noch unsicher. Sie ging kontinuierlich ihrem Minijob nach und verdiente sich so etwas Geld.

Jasmin wusste, dass sie ohne Führerschein die Ausbildung in der Stadt bei dem ambulanten Pflegedienst nicht antreten konnte und die Zeit bis dahin wurde immer knapper. Dieser Betrieb würde sie ohne vorheriges Praktikum nicht einstellen, dessen war sie sich auch bewusst. So wurde es Zeit für Plan B. Jasmin telefonierte die Pflegeheime und Pflegedienste in unserer nahen Umgebung ab und fragte nach einer Ausbildungsstelle. Mit Erfolg, das Pflegeheim im Nachbarort sagte ihr eine Ausbildungsstelle zu, so absolvierte sie dort ein Praktikum und bekam einen Ausbildungsvertrag zur Altenpflegehelferin. Sie fühlte sich dort wohl und bekam viel Anerkennung für ihre Arbeit, jetzt musste sie sich nur noch für einen Schulplatz in der Altenpflegeschule bewerben und auch dort bekam sie eine Zusage.

Endlich schienen die Weichen in Richtung Zukunft gestellt zu sein und Jasmin war glücklich und zufrieden.

Jasmin merke nach kurzer Zeit, dass in diesem Betrieb viel über nicht anwesende, vor allem krankgeschriebene Kollegen, geredet wurde. Ich riet ihr sich neutral zu verhalten.
Wenn eine Kollegin ausfiel, erklärte sich Jasmin meistens bereit, Schichten zu übernehmen. Wenn sie merkte, dass es einer Kollegin nicht gut ging, versuchte sie ihr Arbeit abzunehmen. Wenn es ihr selbst nicht gut ging, schleppte sie sich nach Möglichkeit zur Arbeit, um die Kolleginnen nicht zu belasten.
Eines Tages, als sie gesundheitliche Probleme hatte und sich trotzdem zur Arbeit schleppte, fiel sie dort um, sie wurde ohnmächtig. Ihre Kolleginnen jedoch schonten sie nicht, als sie sich wieder berappelt hatte, wurde sie angetrieben ihre Arbeit noch schneller zu erledigen. Die nächsten Tage ging sie weiter zur Arbeit, wenn sie sich mal hinsetzte, wurde sie angehalten, sich zu bewegen und ihre Arbeiten durchzuführen. Schließlich wurde ihr Gesundheitszustand immer schlechter und sie musste ein paar Tage zu Hause bleiben, natürlich mit Angst um ihren Job und schlechtem Gewissen. Ich beruhigte sie immer wieder. Als es ihr wieder etwas besser ging, ging sie wieder fleißig zur Arbeit. Sie merkte dann, wie hinter ihrem Rücken über sie geredet wurde, dass belastete sie sehr.

Die Altenpflegeausbildung besteht aus Zeiten der betrieblichen Ausbildung und aus Blockunterrichtszeiten in der Altenpflegeschule. Jetzt kam der erste Blockunterricht, dass bedeutete, die nächsten Wochen der Ausbildung fanden in der Schule statt. Der Unterricht machte Jasmin sehr viel Spaß und sie fühlte sich auch im Klassenverband wohl. Sie ging gerne zur Schule und engagierte sich dort sehr.

In der Altenpflegeschule erfuhr sie von Mitschülern, dass das Pflegeheim, in welchem sie arbeitete in dieser Branche einen sehr schlechten Ruf genoss. Dieser bezog sich auf die Arbeitsbedingungen und den Umgang mit dem Personal genauso, wie auf die Qualität und Sauberkeit der Pflege.

Jasmin verteidigte ihren Arbeitgeber dann immer, wurde aber auch nachdenklich.

Die Heimleitung hatte ihr versprochen, sie nach der einjährigen Helferausbildung in die dreijährige Altenpflegeausbildung zu übernehmen. Darüber hatte sich Jasmin sehr gefreut, doch jetzt, als sie ständig nur Schlechtes über dieses Pflegeheim hörte, wusste sie noch nicht ob alles so kommen würde, wie sie es bis jetzt geplant hatte. Sie bemerkte nach dem erst Blockunterricht dann auch selbst, dass die Hygienestandards nicht so durchgeführt wurden, wie sie es jetzt gelernt hatte. Ich erklärte ihr dann, dass das mit den Standards nicht immer im Arbeitsalltag so umgesetzt werden könne und diese oft nur grob eingehalten würden. Das ist überall im Gesundheitswesen so, mit Neuerungen tun sich die alten Hasen oft schwer, man muss diese sehr behutsam an neue Standards heranführen.

Ich kannte dieses Verhalten aus meinen eigenen Erfahrungen als Arzthelferin, die Theorie und die Praxis liegen oft sehr weit auseinander und solange nicht kontrolliert wird, kehrt der Schlendrian ein.

Ich erklärte Jasmin dann noch, dass es am besten sei, sich den Gewohnheiten im Heim anzupassen und das nicht an die große Glocke zu hängen.

Ihre Krankheit hatte Jasmin bis jetzt noch nicht auskuriert und so kam ein Rückschlag, sie musste sich für einen Wochenenddienst krank melden, weil sie Fieber hatte und nicht aus dem Bett konnte.
Als sie dann wieder zur Arbeit ging, wurde sie zur Chefin zu einem Gespräch gebeten. Diese unterstellte ihr, sie sei am Wochenende feiern gewesen und hätte das auf Facebook gepostet, dass hätte ihr eine Mitarbeiterin erzählt. Jasmin entgegnete ihr, dass das nicht stimmte und sie wolle gerne den Facebook-Eintrag sehen. Die Chefin sagte, dass sie den selbst nicht gesehen hätte, aber der Mitarbeiterin glauben würde.
An diesem Tag kam Jasmin total verstört von der Arbeit und hatte ein flaues Gefühl im Bauch, sie meinte, dass da noch mehr Probleme kommen würden. Ich telefonierte dann mit der Heimleiterin um klar zu stellen, dass Jasmin wirklich krank gewesen war, und erklärte ihr, dass auf Jasmins Facebook Seite kein solcher Eintrag existierte. Doch die Leiterin ließ sich auch von mir nicht überzeugen, da wurde ich dann auch stutzig. Wenige Tage später kam die Kündigung per Post.

Jasmin war wieder am Boden zerstört, sie setzte sich mit der Schulleiterin in Verbindung, die hatte sie immer sehr gelobt. Die Schulleiterin vereinbarte mit Jasmin, dass sie weiter den Unterricht besuchen sollte und sie ihr helfen würde, eine neue Ausbildungsstelle zu suchen um die Ausbildung weiterführen zu können. Sie hatten dann gemeinsam auch einen Betrieb gefunden, doch da die Vertragsschließung wegen der Bürokratie in unserem Land zu lange dauerte und somit eine zu große Fehlzeit für Jasmin entstanden ist, war die Weiterführung der Ausbildung so nicht möglich.

Jasmin brauchte eine Zeit lang, um sich von dieser Pleite zu erholen und dann suchte sie sich einen Betreib, welcher sie für ein Praktikum einstellte und ihr dann für das darauffolgende Jahr eine Ausbildungsstelle zusagte. Sie hatte auch schnell wieder einen solchen Arbeitgeber gefunden und freute sich sehr über diesen Erfolg.

Da sie in den vergangenen Monaten kein eigenes Einkommen hatte und ihr Vater ihr keinen Unterhalt mehr zahlen wollte, obwohl sie erst 18 war, und er ihr gegenüber eigentlich unterhaltsverpflichtet war, musste sie mit ihm vor Gericht um den Unterhalt kämpfen. Da er ihr nun vorwarf, sich nicht genug um eine Ausbildungsstelle gekümmert zu haben, gewann er diesen Prozess und musste keinen Unterhalt mehr an Jasmin zahlen. Außerdem wollte er keinen Kontakt mehr zu ihr haben. Diese Situation verletzte sie sehr. Sie hatte sich wirklich immer um Arbeit bemüht und gekämpft und ihrem Vater war es egal, wovon sie lebte. Er war der Meinung, dass ich als Mutter und Michael für Jasmin aufkommen müssten. Wir unterstützen sie ja auch, aber alles hatte seine Grenzen.

Nach und während den Streitigkeiten mit ihrem Vater, ging es Jasmin psychisch wieder sehr schlecht und wir fanden endlich eine Psychotherapeutin die Jasmin behandelte. Jasmin nahm mich meistens mit zu ihren Terminen. Gemeinsam erarbeiteten wir, wie es auch innerfamiliär besser funktionieren konnte und es ihr somit besser gehen sollte. Allerdings änderte sich die Situation nicht von jetzt auf gleich, dass musste auch Jasmin einsehen und vor allem, dass sich nichts ändern würde, solange sie ihr

Verhalten nicht änderte. Es war alles sehr schwierig und langwierig und Jasmin leider sehr ungeduldig.

Während dieser ganzen Unruhen war Jasmin dann auch beim zweiten Anlauf durch die Führerscheinprüfung gefallen und wollte dieses Vorhaben ganz aufgeben. Wir alle redeten ihr zu, weiter zu machen und nach einer kurzen Pause und erneutem Fahrschulenwechsel tat sie das auch.
Ein älterer Fahrlehrer aus dem Nachbarort war uns von einer Bekannten empfohlen worden, sie meinte, dieser hätte noch jeden Härtefall durch die Prüfung gebracht. So war dieser Mann unsere letzte Hoffnung. Er schaffte es auch Jasmin die Angst vor dem Autofahren zu nehmen. Nach kurzer Zeit meldete er Jasmin dann zur Prüfung an.

Am Prüfungstag fuhr ich dann zum dritten Mal mit ihr in die Stadt zum TÜV und wartete aufgeregt und gespannt während sie geprüft wurde. Ich malte mir schon die Pleite aus, wenn sie wieder durchfallen würde und hatte wirklich Angst, dass es wieder passieren könnte. Mir war auch klar, dass das Thema Führerschein dann gehalten wäre und Jasmin wieder in ein tiefes Loch fallen würde.

Dann kam das Prüfungsauto um die Kurve gefahren und Jasmin saß hinten, „oh Gott nein, bitte nicht nochmal“ flehte ich, mir stockte schon der Atem und mein Herz schlug schneller. Im meinem Magen wurde es ganz flau. Dann hielt der Wagen an und alle stiegen aus, was war los? Jasmin weinte gar nicht, ja sie lachte sogar mit dem Fahrlehrer und dem Prüfer. Sie sprang mir entgegen und rief laut:

BESTANDEN; ICH HAB IHN; ICH HAB´S GESCHAFFT!!!!

Die Freude und der Stolz in ihren Augen waren überwältigend und bei mir war das genauso.

Ich gratulierte ihr und war stolz und überglücklich. Endlich war diese Hürde genommen und Jasmin wieder ein Stück weit selbstständiger und mobiler.

Ich weiß nicht wie dieser Fahrlehrer das gemacht hatte, oder wen er bestochen hatte, aber er hat das Unmögliche möglich gemacht und Jasmin zu ihrem Führerschein verholfen und er hatte an diesem Tag Geburtstag.

Es war ein schöner Tag in unserem Leben. Nach all dem Trubel und der Freude fuhren wir beide noch zu meiner Mutter, um ihr die gute Nachricht zu überbringen. Jasmin setzte sich ans Steuer meines Autos und fuhr los, ich saß, ehrlich gesagt, zitternd und ängstlich daneben und versuchte mir nichts anmerken zu lassen. Wir kamen auch unbeschadet bei meiner Mutter an und auch sie war stolz und freute sich sehr, wir machten auch gleich noch eine Probefahrt, Jasmin wollte doch zeigen, das sie jetzt endlich fahren konnte.

Da Jasmins kleiner Ford Ka jetzt fast ein Jahr in der Wartestellung gestanden hatte , musste der jetzt erst mal zum Laufen gebracht werden, denn er war ziemlich eingerostet und wollte nicht mehr anspringen. Er musste fahrbereit gemacht werden und das war nicht billig. Zu guter Letzt war er dann irgendwann fahrtüchtig und Jasmin brauste mit ihm durch die Gegend.

Auch für mich waren die letzten Jahre nicht einfach gewesen, ich stand immer zwischen Jasmin und Michael, ich versuchte immer zu vermitteln, doch es gelang mir eigentlich nie. In mir hatte das alles auch Spuren hinterlassen. Oft fragte ich mich, warum nicht endlich mal Frieden in unser Familienleben einkehren konnte, doch ich fand keine Antwort.

Durch meine Psychotherapieausbildung konnte ich nun einige Verhaltensweisen besser verstehen und innerpsychische Zusammenhänge erkennen. Ich analysierte für mich die Situation und versuchte die Verhaltensweisen meiner Familienmitglieder unter Einbeziehung deren Lebensgeschichten und Erziehung zu begreifen. Teilweise gelang mir das auch, wenn ich dann versuchte Michael meine Erkenntnisse zu erklären, empfand er das als Kritik an seiner Person. So kam es dann auch immer wieder zu Konflikten zwischen uns.

Die Psychotherapie-Ausbildung machte mir trotzdem sehr viel Spaß und wurde immer interessanter. Der Unterricht und der Austausch mit meinen Mitschülerinnen während der Schulzeiten halfen mir oft über meine eigenen Probleme hinweg und manchmal fragte ich meine Dozentin um Rat. Es tat immer wieder gut in dieser Gruppe zu arbeiten mit Menschen die das gleiche Ziel hatten wie ich, nämlich diese Ausbildung erfolgreich zu absolvieren und mehr über die Psyche zu erfahren. Jeder von uns hatte seine eigenen Geschichten, die ihn zu dieser Ausbildung gebracht hatte. Wir alle hatten uns inzwischen besser kennen und schätzen gelernt und wir hatten einen guten

„Klassenverband“, wir teilten viel Freude und viel Leid miteinander und motivierten uns immer wieder gegenseitig weiter zu machen.

Diese Schuleinheiten inspirierten mich auch für weitere Ausbildungen, so nahm ich an einem Kursleiterseminar für die Progressive Muskelentspannung nach Jacobsen teil. Nach dem Absolvieren des Seminars und der Prüfung durfte ich dann Kurse dieser Entspannungstechnik geben und wurde auch von den Krankenkassen zertifiziert, so dass die Teilnehmer den größten Teil der Kursgebühr von den Krankenkassen erstattet bekamen. So hatte ich mein Praxisangebot sinnvoll erweitern können und konnte somit aktive Stress- und Burn-Out- Prophylaxe und Bewältigung anbieten. Das tat ich auch und meine Kurse kamen bei den Teilnehmern gut an.

Trotz aller Probleme und Unstimmigkeiten lag der Ausbau des Dachgeschosses jetzt in den letzten Zügen und Jasmin freute sich schon sehr darauf, dort bald einziehen zu können. Inzwischen war die Treppe eingebaut, die Wände gestellt und auch die Türen waren eingebaut. Nun musste nur noch tapeziert und danach noch der Boden verlegt werden. Dass Tapezieren wollten Jasmin und ich gemeinsam erledigen. Obwohl Jasmin möglichst schnell umziehen wollte, war sie meistens sehr schlecht zur Mithilfe zu motivieren, also zogen sich diese letzten Arbeiten noch in die Länge. Dafür hatte Michael natürlich kein Verständnis, jeden Tag, wenn er von der Arbeit nach Hause kam, fragte er stichelnd, ob wir mit dem Tapezieren fertig geworden wären. Deshalb tapezierte ich dann die Wände, die ich alleine tapezieren konnte, auch alleine. Er beschwerte sich, weil ich ihn so sehr angetrieben hatte und dann nichts mehr vorwärts ging. Er war der Meinung, dass Jasmin sich, wie immer nur ausruhte und zwar auf unseren Knochen. Ihre psychischen Probleme hatte er nie ernst genommen und nicht verstanden. Dafür fehlte im völlig das Verständnis. Ich musste mich dauernd rechtfertigen, weil Jasmin keinen Antrieb hatte, ich entschuldigte sie damit, dass sie den ganzen Tag arbeiten und an den freien Tagen auch mal ausspannen musste. Als die Tapezierarbeiten endlich beendet waren, nötigte ich Michael dann wieder den Boden möglichst zügig zu verlegen. Ich wollte nur, dass das Elend endlich ein Ende nahm.

Michael und ich verlegten einige Tage lang das Laminat, als Michael einmal Jasmin um Mithilfe bat, blieb sie jedoch im Bett liegen und beschimpfte ihn auf übelste Art und Weise. Da wurde er richtig sauer, er ärgerte sich darüber, dass er mit schmerzenden Knien den ganzen Tag auf diesen rumrutschte und sich von Jasmin noch beschimpfen lassen musste. Wir stritten dann alle drei, naja irgendwann, als er sich wieder beruhigt hatte, machten wir weiter, um die Sache zu Ende zu bringen.

---

22 Der Umzug ins Dachgeschoss

Als alle Arbeiten beendet waren, organisierte Jasmin ihre Freunde, um mit ihr den Umzug zu tätigen, immerhin mussten ihr großes Bett, der riesige Kleiderschrank und die Couchgarnitur mit Tisch und allerhand Kleinkram nach oben. Innerhalb von einem Tag waren die Arbeiten dann erledigt, auch hierbei hatte sich Jasmin schön im Hintergrund gehalten und die Jungs die ihr geholfen hatten, nur rum kommandiert. Die hatten das auch schön mitgemacht. Wie immer durfte ich an dem Gesehen teilhaben und mich mit einbringen, ich machte das auch gern. Jasmins kleines Reich war wirklich schön geworden und ich hoffte, dass sie sich dort wohlfühlen und sich die Spannungen im Haus etwas abbauen würden.

Als Jasmins altes Zimmer komplett geräumt war, zog ich mit meiner Praxis dort ein. Es war etwas größer als mein anderes Zimmer, so konnte ich dort jetzt meine Entspannungskurse geben für die ich vorher einen Gymnastikraum der Gemeinde mieten musste. Mein neuer Praxisraum war auch schöner und repräsentativer. Ich hatte jetzt sogar Platz für eine Massageliege, die ich für Entspannungstechniken nutzte.

Jasmin lebte wirklich etwas auf, in ihrer eigenen kleinen Wohnung. Sie räumte die Wohnung immer wieder auf und hielt sie auch sauber, das freute mich sehr. Sie war sehr stolz auf die Wohnung, das konnte jeder spüren. Ich empfand es auch als entspannender, dass sie jetzt ihr eigenes Stockwerk

hatte und ich mich im restlichen Haus freier bewegen konnte, auch wenn sie noch schlief.
Ihre Freunde besuchten sie jetzt noch öfter und sie fühlten sich alle sichtlich wohl. Weniger schön war es, wenn diese manchmal mitten in der Nacht angetrunken die Treppe hinunter trampelten. Da die Treppe direkt an der Wand neben unserem Schlafzimmer befestigt war, hatten wir einige unruhige Nächte und wieder Diskussionen. So ging ich dann immer, wenn Jasmin noch Besuch hatte, und wir zu Bett gehen wollten, nach oben und bat darum, dass sie sich im Treppenhaus ruhig verhalten sollten. Meistens klappte es dann auch. Ich hatte zu Jasmins Freunden immer ein gutes Verhältnis gehabt und manchmal half der eine oder andere auch dabei, Probleme zwischen Jasmin und mir zu lösen.

Es wurde Herbst und Winter und in diesem Jahr verging sogar Weihnachten ohne große Probleme, das war mal eine schöne Erfahrung für uns alle. Wir verbrachten, wie immer, die Feiertage im Kreise der Familie und auch das neue Jahr hatte friedlich begonnen.

Jasmin arbeitete jetzt schon eine Zeit lang in einem Altenpflegeheim als Praktikantin und hatte bereits ihren Ausbildungsvertrag mit diesem Heim geschlossen und sich einen Schulplatz organisiert. Es war jetzt nicht mehr lange bis zum Beginn der Ausbildung. Auch in diesem Pflegeheim kam sie sehr gut zurecht und war beliebt bei den Kolleginnen und Bewohnern. Sie freute sich sehr auf die nahende Ausbildung und bereitete sich schon darauf vor. Dann war es endlich soweit, Jasmin lebte sich auch in diesem Klassenverband gut ein und fand schnell Freunde, sie ging gerne zur Schule und auch in ihren ausbildenden Betrieb. In ihrer Freizeit lernte sie oft, manchmal auch mit Klassenkameraden, für die Schule. Ihre Krankheitszeiten wurden weniger und sie stabilisierte sich auch psychisch. Alles in allem entspannte sich die Situation.

---

23 Berufliche Erfolge?

Da ich mit meiner Praxis und der Ausbildung nicht so ganz ausgelastet war, hatte ich mir wieder eine Arbeitsstelle als Arzthelferin bzw. Praxisassistentin gesucht. Es war eine Praxis für Kinder- und Jugendpsychiatrie und Psychotherapie. Die Praxis war gerade erst neu eröffnet worden und ich war die einzige Angestellte, ich arbeitete halbtags und die Arbeit dort machte mir auch Spaß. Ich konnte den Ablauf organisieren und meine Aufgaben völlig selbstständig erledigen. Mit meinem Chef kam ich auch sehr gut klar und er war mit meiner Arbeit sehr zufrieden. Anfangs war nicht so sehr viel zu tun, doch das änderte sich schnell. Es wurde eine Psychologiestudentin eingestellt, diese führte die psychologischen Tests mit den Kindern durch, ich wurde angelernt um EEG´s zu schreiben, also die Hirnströme abzuleiten, und erledigte alle anfallenden Arbeiten. Dieser Arbeitsplatz war wirklich in Ordnung, nur leider manchmal sehr einsam. An einigen Tagen arbeitete ich alleine in der Praxis weil mein Chef dann unterwegs war, er erstellte gerichtliche Gutachten und musste dazu die Personen, über die ein Gutachten in Auftrag gegeben war, und deren Umfeld, besuchen. Ich saß dann stundenlang vor dem PC und schrieb die Gutachten, die meistens sehr interessant waren und die Arztbriefe. Es gab immer genug zu tun und ich packte es an. Doch irgendwie wusste ich auch, dass dies nicht die Art von Arbeit war, die ich ewig tun wollte. Mein Chef war sehr nett und er lobte mich und meine Arbeit oft, das war schön für mich, wo findet man denn noch Lob am Arbeitsplatz?

Michaels Arbeitsplatz war leider nicht mehr so sicher, obwohl er schon viele Jahre bei dieser Firma tätig war. Die Firma wurde irgendwann von einer größeren Firma geschluckt und von da an ging es immer mehr bergab. Die Arbeitsbedingungen verschlechterten sich kontinuierlich und es wurden immer mehr Arbeitsplätze wegrationalisiert. Von der Geschäftsführung wurden dann mit jedem Mitarbeiter Gespräche geführt, in welchen es um die Situation des jeweiligen Arbeitsplatzes ging und dessen Aussichten auf Weiterbestehen. Michael wurde signalisiert, dass sein Arbeitsplatz abgebaut werden sollte. Man bot ihm eine Abfindung an und bat ihn um die Unterzeichnung eines Auflösungsvertrages, den er dann auch irgendwann unterschrieb. Er machte sich auch gleich an die Suche nach einem neuen Arbeitsplatz, was zugegebener Maßen mit Mitte 40 nicht so einfach war.

Ich merkte, dass ihn diese Situation sehr belastete und versuchte immer wieder ihn zu beruhigen. Es folgten einige Vorstellungsgespräche und auch Absagen. Manchmal sagte er auch ab, nach relativ kurzer Zeit, kam dann ein Angebot für eine Stelle, auf die er sich beworben hatte und die ihn sehr interessierte. Nach einigen Verhandlungen unterschrieb er dort dann einen Arbeitsvertag und die Situation beruhigte sich wieder.

Jasmins Ausbildung war sehr anstrengend, körperlich genauso wie psychisch. Die Arbeit und auch die Schule machten ihr trotzdem sehr viel

Spaß und ich wunderte mich manchmal, wie sie das alles bewältigte. Sie arbeitete viel mit dementen Bewohnern im Pflegeheim, die auch mal kratzten oder bissen. Jasmin kam öfter mit solchen Blessuren nach Hause, dann schimpfte sie natürlich auch. Aber diese alten, kranken Menschen taten ihr auch leid. Doch dort gab sie nicht nur, sondern sie bekam auch etwas von den Bewohnern und deren Angehörigen, nämlich viel Lob und Anerkennung. Manche hatten sie richtig lieb, ich glaube das tat ihr sehr gut. Sie konnte durch die Arbeit mit den dementen Bewohnern gut die Krankheit ihres früh verstorbenen Opis, der an Alzheimer gelitten hatte und gestorben war, verarbeiten.

Meine Ausbildungszeit an der Heilpraktikerschule ging nun dem Ende zu, diese zwei Jahre waren wie im Flug vergangen. Es wurde jetzt Zeit, zu entscheiden, ob ich an der nächsten Prüfung vor dem Ausschuss des Gesundheitsamtes teilnehmen wollte. Ich entschied mich dafür und forderte die dafür notwendigen Unterlagen bei dem zuständigen Gesundheitsamt an. Als ich alle Bescheinigungen zusammen hatte, meldete ich mich zur Prüfung an. Das setzte mich natürlich unter Druck, ich musste jetzt verstärkt lernen für diese Prüfung, ich hatte gehört, dass die Durchfallquoten sehr hoch waren und ich wollte unbedingt bestehen. Es war kein halbes Jahr mehr Zeit, also fing ich an, mich auf die Prüfung vorzubereiten, neben meinem Job und den familiären Unstimmigkeiten.
Bis jetzt hatte ich alle Prüfungen auf Anhieb und immer gut bestanden, das sollte sich auch jetzt nicht ändern.

Ich besorgte mir alles was ich zur Prüfungsvorbereitung brauchte, Bücher, Prüfungsfragen der vergangenen Prüfungen. Ich wollte diese Prüfung unbedingt bestehen, um endlich aus dem Arzthelferinnendasein heraus zu kommen und mich beruflich verändern zu können. In der lokalen Presse schaute ich mir immer die Stellenanzeigen an, um zu erfahren welche Berufe im psychosozialen Bereich gesucht waren, um mir zu überlegen, in welchen Bereich ich hinein passen könnte, wenn ich meine Prüfung bestanden hätte.

An einem Samstagmorgen stieß ich dabei auf die Anzeige eines Bildungsträgers in unserer Nähe, dort wurde eine pädagogische Mitarbeiterin zur Erwachsenenbildung gesucht.

Es handelte sich dabei um Projekte mit arbeitslosen Menschen, die wieder in die Berufstätigkeit vermittelt werden sollten. Das Anforderungsprofil für diese Stelle war recht großzügig angelegt und die Anzeige hatte mich sehr angesprochen. Ich hatte zwar meine Prüfung noch nicht bestanden, aber diese Anzeige ließ mich nicht mehr los, also gab ich dort meine Bewerbungsunterlagen ab. Ich sah dann bildlich vor mir, wie sich die Personalabteilung über meine Bewerbung belachte und mir postwendend eine Absage erteilte. Ich rechnete mir nicht wirklich Chancen auf eine Stelle dort aus, aber ich hatte das Gefühl mich unbedingt bewerben zu müssen. Ich hatte ja auch keinen Druck, denn mein jetziger Job war unbefristet und sicher, solange ich diese Arbeit machen wollte.

Die Probezeit in der Arztpraxis ging dem Ende zu und mein Chef hatte mir mitgeteilt, dass er zufrieden war und mich behalten wollte, er versprach mir sogar eine Lohnerhöhung nach der Probezeit und das wir in der Zukunft

Entspannungskurse für Kinder anbieten würden, die ich dann anleiten sollte. Alles in allem, lief es beruflich wirklich gut für mich.

Die Vermietung meiner Stadtwohnung verlief leider nicht so erfolgreich, so hatten meine Mieter mir in den letzten Monaten nicht immer die volle Miete gezahlt. Das wurde für mich zum Drama, immerhin kostete diese Wohnung mich auch eine Menge Geld. So gab es ständig Ärger mit den Mietern. Ich war froh als diese das Mietverhältnis dann endlich gekündigt hatten. Das bedeutete für mich jetzt wieder neue Mieter suchen, Anzeigen aufgeben, Besichtigungstermine vereinbaren und durchführen, als hätte ich nicht schon genug zu tun gehabt. Als ich dann die ersten Termine organsiert hatte und an der Wohnung ankam, in der noch die alten Mieter wohnten, traf mich beim Betreten der Wohnung fast der Schlag. Ein stechender Geruch kroch in meine Nase, mir wurde davon richtig übel und die Luft blieb mir weg, dann sah ich überall Mülltüten rum stehen. Die Wohnung war total verdreckt und teilweise zerstört. Der Geruch kam vom Katzenklo der vier Katzen und vom Hasenkäfig, der in einem der Kinderzimmer stand. Mir war klar, dass ich diese Wohnung so nicht besichtigen lassen konnte. Also sagte ich die Termine ab, doch die ersten Interessenten standen schon vor der Tür und wollten die Wohnung trotzdem besichtigen. Ich warnte diese Leute dann vor und führte sie durch die Wohnung. Diese Familie war sprachlos durch das was sie dort sahen, genauso wie Michael und ich. So ein Saustall. Die Noch-Mieter lebten dort mit vier kleinen Kindern, zwei Erwachsenen, vier Katzen, mindesten einem Hasen und einem Terrarium mit Reptilien, ihren Hund hatten sie schon wieder verkauft. Die ganze Wohnung hatte nach Fäkalien der Tiere gestunken, die Tapete, die noch von uns stammte, war teilweise von den Wänden gerissen, genauso wie der Teppich der sich auf der Treppe befand. Über den Zustand der Wohnung hätte ich laut losheulen können, doch ich riss mich zusammen. Michael und ich waren entrüstet, uns war klar, dass wenn die Mieter ausgezogen sind, sehr viel Arbeit auf uns warten würde. In diesem Zustand konnte die Wohnung auf keinen Fall wieder vermietet werden.

Wir konnten auch nicht verstehen, wie man in so einem Saustall vier kleine Kinder großziehen konnte. Ich brauchte erst mal ein paar Tage, um das, was ich dort gesehen hatte, zu verkraften.

Mir schoss immer wieder der Gedanke „ich will diese Wohnung nicht wieder komplett vermieten“ durch den Kopf und ich überlegte, welche Alternativen es geben konnte.

Da meine Praxis auf dem Land nicht besonders gut laufen wollte, und ich die Schuld dafür auf den Ort, in dem wir lebten schob, beschloss ich, eine Zweigstelle der Praxis in der Stadtwohnung zu eröffnen, um zu sehen, ob diese Misere wirklich ortsabhängig war. So beschlossen wir, die Wohnung, welche sich auf zwei Ebene verteilte, zu teilen und das untere Geschoss als Praxis zu nutzen. Wir planten dann einige Umbau- und Renovierungsarbeiten.

Als diese Mieter endlich ausgezogen waren, sahen wir erst das tatsächliche Ausmaß der Beschädigungen. So war der Teppich auf der Treppe durchtränkt von Katzenurin, in manchen Ecken waren die Fäkalien der Tiere reingezogen und der Uringeruch war nicht mehr aus den Räumen zu bekommen. Die Kinder der Familie hatten in einigen Räumen teilweise die Tapeten von den Wänden gerissen und in das fast hundert Jahre alte Treppengeländer hatten die Mieter Löcher gebohrt, um Kindersicherungen anzubringen. Sämtliche Heizungsthermostate waren kaputt und die Einbauküche, welche zu der Wohnung gehörte total versifft. Die Fliesen sahen aus, als wären sie in den letzten Jahren nicht einmal geputzt worden, es war widerlich und es ekelte uns richtig an.

Die Renovierung kostete viel Geld und Zeit, die ich im Moment eigentlich nicht hatte, da ich mich auf die Prüfung vorbereiten musste. Michael und ich verbrachten jetzt unsere gemeinsame Freizeit mit den Renovierungsarbeiten, es war Sommer und sehr warm und im Dachgeschoss der Wohnung stand die Hitze nur so. Nebenbei suchten wir wieder neue Mieter für die Dachgeschosswohnung, was sich auch nicht ganz einfach gestaltete, da die Wohnung im dritten OG lag und im Haus kein Aufzug vorhanden war.

Die Praxisräume waren sehr groß, für mich alleine eigentlich zu groß. Also überlegte ich mir, einen Kooperationspartner zu suchen, dessen Dienstleistungen zu den von mir angebotenen Leistungen passten. Da ich per Inserat keinen Praxispartner gefunden hatte, fragte ich eine Bekannte, die Meditationslehrerin war und mit mir die Ausbildung zur Burn-Out-Beraterin absolviert hatte, ob sie nicht Lust hätte, in meiner Praxis Meditationen anzubieten. Sie freute sich sehr über meine Anfrage und mietete den freien Praxisraum an, wir wollten gemeinsam durchstarten und planten gemeinsame Projekte. Das machte Spaß, also wurde fleißig weiter renoviert.

Nebenbei nutzte ich jede freie Minute um für meine Prüfung zu lernen, es war eine Zeit ohne Rast und Ruh. Zwischendurch hatte ich noch Aufträge im Rahmen der Firmengesundheit, Vorträge zur Gesundheitsprävention am Arbeitsplatz und die üblichen Bürotätigkeiten im Bereich meiner eigenen Praxis. Diese Aufgaben trieben mich sehr an und ich sah für mich eine gute Perspektive.

Als ich eines Morgens mal wieder meine E-Mails checkte, sah ich erstaunt eine Mail von dem Bildungsträger, bei dem ich mich beworben hatte. Es war eine Einladung zu einem Vorstellungsgespräch, ich konnte es kaum glauben. Ich freute mich sehr über die Einladung und überlegte, wie ich mich am besten verkaufen konnte, um diese Stelle zu bekommen.
An einem sehr warmen und sonnigen Freitagmorgen, der idealer nicht sein konnte fuhr ich in die Stadt zu diesem Vorstellungsgespräch. Ich war total gespannt, wer und was mich dort erwarten würden. Natürlich war ich auch sehr aufgeregt, aber freudig aufgeregt.
Am Gespräch nahmen die Geschäftsstellenleiterin und deren Vertreterin teil, beide waren sehr nett und dem gegenüber, was ich anzubieten hatte sehr aufgeschlossen und interessiert. Die beiden informierten mich über ihren Betrieb, den Ablauf, das Aufgabengebiet und die Cooperationspartner der Bildungsstätte. Die Chemie zwischen uns stimmte und ich fühlte mich dort wohl. Da psychische Erkrankungen, sowie Burn-Out ein großes Thema waren, hatte ich gut in das Arbeitsprofil des Bildungsträgers gepasst und wir beschlossen, dass ich eine Nacht über das Angebot schlafen und dann erst entscheiden sollte, ob ich dort arbeiten wollte. Zum Schluss führte die Chefin

mich noch durch das Gebäude und wir verabredeten, dass ich mich am nächsten Tag telefonisch bei ihr melden würde. Ich fuhr total glück, zufrieden aber auch unruhig nach Hause. Ich wollte diesen Job gerne annehmen, aber wie sollte ich meinem jetzigen Chef beibringen, dass ich nach dem bevorstehenden Urlaub nicht wieder kommen würde? Ich hatte ein sehr schlechtes Gewissen, ich würde jetzt noch in der Probezeit kündigen und ihn im Stich lassen müssen. Das fiel mir nicht leicht, immerhin war er ein guter Chef und ich hatte viele Freiheiten dort, sollte ich das wirklich aufgeben? Meine Stelle war unbefristet, die neue würde nur für ein Jahr befristet sein, doch man signalisierte mir, dass die Verträge fast immer verlängert würden. Oh je, in welche Situation würde ich mich jetzt wohl bringen?

Am Abend besprach ich alles Pro und Contra mit Michael, doch er konnte diese Entscheidung nicht für mich treffen, dass musste ich schon selbst erledigen.

Da ich unbedingt auf Dauer aus dem Arzthelferinnendasein raus wollte, entschloss ich mich, die Stelle als pädagogische Mitarbeiterin (das hörte sich toll für mich an), zuzusagen.

Jetzt musste ich meine Stelle in der Arztpraxis kündigen, also schrieb ich meine Kündigung und bat meinen Chef um ein Gespräch. Ich erklärte ihm meine Situation und das mein langfristiges berufliches Ziel darin bestand im psychosozialen Bereich tätig zu sein und dieser neue Job den Einstieg bedeuten würde. Ich erklärte mich bereit, weiterhin einmal in der Woche EEG´s in seiner Praxis abzuleiten und in Zukunft auch Entspannungskurse für die Kinder dort zu geben. Er wies mich noch darauf hin, dass solche

Kurzschlussentscheidungen oft nicht die richtigen Entscheidungen seien, dass würde ich wahrscheinlich noch erfahren.
Da immer wieder Bewerbungen von Arzthelferinnen zugeschickt wurden, hatte er schnell eine Nachfolgerin für mich gefunden, die ich noch einarbeiten konnte. So waren alle Probleme gelöst und ich konnte ganz entspannt meine neue Stelle als pädagogische Mitarbeiterin antreten.

Bei Jasmin lief es beruflich im Moment auch gut, die Schule machte ihr weiterhin viel Spaß und ihre Noten waren gut. Sie hatte inzwischen einen neuen Freund, Leon, der aber leider sehr unselbstständig war und keinen Führerschein hatte, der war ihm wegen Trunkenheit am Steuer abgenommen worden.

Die Beziehung zwischen Jasmin und Michael wollte sich auch nicht entspannen, zwischen ihnen kam es immer wieder zu Konflikten. Manchmal reichte schon der Gedanke an den anderen, um aggressiv zu werden. Ich geriet immer wieder zwischen die Fronten, ich stand dazwischen und war machtlos.
Eines Abends stritten sie sich lauthals und wurden fast handgreiflich, Jasmin und ich waren danach total fertig und Jasmin wäre am liebsten geflüchtet. Sie rief dann ihren besten Freund an, er kam und half mir sie zu beruhigen. Von da an war ich noch öfter, ja eigentlich ständig in der „Hab acht“ Stellung. Ich passte immer auf, dass Jasmin und Michael sich nach Möglichkeit nicht im Haus begegneten, um weitere Konflikte zu vermeiden. Ich dachte sogar darüber nach, mit Jasmin auszuziehen, die Stadtwohnung war ja noch frei.

Ich sprach natürlich mit einigen mir vertrauten Personen über diese Problematik, doch diese Entscheidung musste ich, wie immer, selbst treffen. Auch mit Michael habe ich viel über die Situation diskutiert. Er wollte, dass ich bei ihm bleibe, sagte mir aber auch, dass er, was Jasmin beträfe nicht aus seiner Haut konnte. Sie habe ihm so lange übel mitgespielt, dass er diese ganzen Vorkommnisse nicht vergessen konnte. Sie habe ihn so oft, so sehr verletzt, er hätte sich nur wehren wollen.

Ich bot Jasmin dann an, in die Stadtwohnung zu ziehen und dort vielleicht eine WG zu gründen. Anfänglich war sie dieser Idee gar nicht so abgeneigt, doch zu guter Letzt entschied sie sich, bei uns wohnen zu bleiben. Die beiden vermieden dann nach Möglichkeit jeden Kontakt, doch diese Anspannungen hinterließen seelische Spuren. So hatte Jasmin wieder öfter Albträume und Ängste, sie klammerte sich sehr an ihren Freund und holte ihn jeden Abend von der Arbeit ab, damit er bei ihr schlafen konnte. Auch unsere Hündin Lilly und Kater Moritz gaben Jasmin immer wieder viel Halt. Leon war gern bei Jasmin und hatte hier Freiheiten, die er zu Hause nicht hatte, denn dort bewohnte er nur ein Zimmer in der Wohnung seiner Mutter. Diese hatte wohl auch genug Probleme und griff nach seinen Angaben öfter mal zu Flasche, sie war wohl mit ihrem Leben überfordert, hatte keinen Job und die finanzielle Situation war dadurch sehr belastend. Jasmin, mit ihrem Helfer-Syndrom versuchte natürlich auch dort zu helfen.
Ich versuchte, mich dann wieder auf meine Prüfung und meinen neuen Job zu konzentrieren.

Nun war es soweit, der erste Arbeitstag im neuen Job stand vor der Tür. Es war ein wunderschöner, warmer Sommertag und meine Arbeitszeit sollte um 9.00 Uhr beginnen. Ich war sehr aufgeregt und gespannt, was dort jetzt auf mich zukommen würde. Ich meldete mich pünktlich um 9.00 Uhr, wie verabredet bei dem Koordinator Herrn Meyer. An diesem Tag hatten noch andere Kollegen ihren ersten Arbeitstag hier und wir wurden alle gemeinsam von Herrn Meyer empfangen, er überreichte uns die Schlüssel, erklärte die Alarmanlage und verteilte uns auf die Büros, in die wir eingeteilt waren.
Wir bekamen etliche Papiere zum Durchlesen und sollten uns dann Schreibtische und Computer einrichten, soweit das möglich war. Ein neuer Kollege und ich saßen zusammen in einem Büro, die Kollegin, die mit uns hier saß, war noch im Urlaub. Etwas später am Tag führte uns Herr Meyer durch den Betrieb und stellte uns die anwesenden Kollegen vor, dann lernten wir noch, die für uns zuständige Teamleiterin kennen. Wir unterhielten uns und arbeiten die Papiere durch, die uns Herr Meyer ausgehändigt hatte. Mit der Teamleiterin, sie hieß Sigrid besprachen wir noch organisatorische Punkte, wie z. B. Arbeitsbeginn und Ende. Da ich nur eine Teilzeitstelle hatte, konnte ich mir die Arbeitszeiten relativ flexibel einteilen. Das kannte ich aus meinem bisherigen Berufsleben überhaupt nicht. Je nachdem wie ich in den verschiedenen Projekten eingeteilt war, konnte ich meine Arbeitszeiten selbst bestimmen. Das kam mir sehr entgegen, denn ich begann meinen Tag gerne in Ruhe und ohne Stress.
Der erste Arbeitstag war schnell vorüber und ich war mit der Entscheidung, hier anzufangen sehr zufrieden. Das war genau der Job, auf den ich gewartet hatte. Die Chefinnen wussten, dass ich mich auf meine Prüfung vorbereitete

und deshalb noch während der Probezeit Urlaub für die Prüfung brauchte, alles war zur allgemeinen Zufriedenheit geklärt.

An den folgenden Tagen wurden wir eingearbeitet, das bedeutet, bei den verschieden Projekten zu hospitieren, also einfach mit Kollegen mitgehen und zusehen, wie sie arbeiteten.

Dieser Bildungsträger arbeitete in Projekten mit langzeitarbeitslosen Menschen, um diese zu motivieren und zu stabilisieren, für den Arbeitsmarkt. Es gab eine Art Kursangebote über Bewerbungshilfen und Coachings, Gesundheitsgruppen bis hin zu Sprachkursen für die ausländischen Teilnehmer. In diesem Projekt sollte ich mitarbeiten im Bereich der Stressprävention und Entspannung.

Mir wurde dann eine Gruppe zugewiesen, für die ich verantwortlich war, so wie etwa ein Klassenlehrer. Ich musste nach einer Zeit die Fördergespräche mit den Teilnehmern führen und diese bewerten, sowie im psychosozialen Bereich behilflich sein. Z. B. hinweisen auf weitere Hilfen wie Pflegegeld für Eltern, Einreichen der Rente und auch psychologische Beratungen gehörten zu meinen Aufgabenbereich. Jede Woche wurde eine Teambesprechung durchgeführt, in welcher wir zukünftige Projekte und aktuelle Probleme besprochen haben. Auch die organisatorischen und administrativen Aufgaben wurden diskutiert. Es war ein ganz anderes Arbeiten, als ich es bisher kannte, aber es gefiel mir.

Manche der Teilnehmer waren leider sehr desillusioniert, ich konnte diese Einstellung oftmals verstehen, da diese Leute teilweise schon viele Jahre arbeitslos waren und sich mit dieser Situation nun abgefunden hatten. Sie vertraten die Meinung, dass sie sowieso keinen Arbeitsplatz mehr finden würden und hatten sich somit zum Teil selbst aufgegeben. Man merkte diesen Personen an, dass sie allwöchentlich nur aus Zwang zu den Kursen erschienen, um nicht ihre Bezüge zu verlieren. Ich versuchte diese Menschen trotzdem zu motivieren und positiv in die Zukunft zu blicken. Mit Verständnis und Freundlichkeit gelang mir das auch manchmal, aber es kostete auch viel Energie.

In unserem Betreib gab es aber auch den Bereich der beruflichen Reha, das bedeutete, dass hier Menschen betreut wurden, die aus gesundheitlichen Gründen ihren Beruf aufgeben mussten. Das konnten körperliche oder auch psychische Erkrankungen sein, unter denen sie litten. Dieser Bereich interessierte mich auch sehr, denn hier waren auch viele Burn-Out-Fälle und Teilnehmer mit anderen psychischen Störungen, die mich sehr neugierig machten, denn diese Krankheitsbilder kannte ich bis jetzt größten Teils nur aus meinen Lehrbüchern. Herr Meyer hatte beschlossen mich auch in diesem Bereich einzusetzen, überhaupt war er von den Themen Entstressung und Entspannung sehr angetan. Er hatte sogar einen Entspannungsraum für die Teilnehmer eingerichtet, bzw. war er noch dabei diesen fertig zu stellen. Wir führten auch einige lange Gespräche in denen er mich auf dieses Aufgabenfeld vorbereitete. Als erstes führte ich einen Workshop zum Thema Burn-Out in einer Reha-Gruppe, die aus psychisch erkrankten Personen bestand durch, und das mit großem Erfolg und sehr gutem Feedback. So wurde ich in die Folge-Projekte mit eingeplant. Inzwischen diskutierten Herr Meyer und Sigrid darüber, wo ich wann und wie eingesetzt werden solle, ich versuchte mich aus diesen Diskussionen heraus zu halten, denn ich arbeitete in beiden Teams gerne.

Für mich war bis jetzt hier alles super gelaufen und der Termin meiner Prüfung rückte immer näher und wenn ich daran dachte stieg die Nervosität in mir enorm an. Da ich meistens erst um 10.00 Uhr anfing zu arbeiten, konnte ich vorher immer noch Prüfungsunterlagen durcharbeiten. So fühlte ich mich immer sicherer, doch wenn ich mit Britt telefonierte, die sich auch zu der Prüfung angemeldet hatte, und sie mir erzählte, was sie alles gelernt hatte, war ich wieder völlig verunsichert. Britt hatte keinen Job und konnte somit ihre ganze Energie für die Prüfungsvorbereitung nutzen. Außerdem hatte sie noch eine Lerngruppe mit den zwei Strebern aus unserem Heilpraktiker-Kurs gegründet. Ich hingegen musste immer alleine und unter Zeitdruck lernen, dafür hatte ich aber auch die Gelegenheit am lebenden Objekt zu lernen, dass konnte ein großer Vorteil sein.

In einigen Wochen sollte ein „Tag der offenen Tür" in unserem Bildungshaus stattfinden und Herr Meyer hatte mich, nach Absprache, zum Durchführen von Entspannungsübungen eingeteilt. Auch in sein Reha-Team wurde ich immer mehr integriert und auch diese Arbeit machte mir viel Spaß.

Die Teilnehmer, des Erwachsenen-Projektes, bei denen ich den Workshop durchgeführt hatte, wendeten sich auch oft an mich, und so vertrat ich die zuständige Kollegin Isabell manchmal, wenn diese nicht anwesend oder mit anderen Projekten beschäftigt war. Herr Meyer signalisierte mir immer wieder, dass er mit der Arbeit von Isabell nicht zufrieden war und ihr, seiner Meinung nach, die Teilnehmer nicht vertrauten. Er war der Meinung, dass

Isabell mit ihren noch nicht mal 30 Jahren, für diese Aufgaben zu jung war. Ich konnte mir dazu kein Urteil erlauben, da mir hier die Erfahrung fehlte. Außerdem wollte ich nicht über Kollegen herziehen, also hörte ich Herrn Meyer nur zu und verkniff mir jede Äußerung.

24 Die Heilpraktiker-Prüfung

Der Tag der schriftlichen Prüfung rückte immer näher und ich hatte den Tag davor frei um nochmal richtig zu lernen. Britt hatte diese Prüfung schon hinter sich gebracht und berichtete mir telefonisch davon. Oh Gott, wie beneidete ich sie, dass sie diese Prüfung schon geschafft hatte. Als sie mir von der Prüfung und den Fragen erzählte, wurde ich immer unsicherer. Wie peinlich wäre es, wenn ich durchfallen würde, vor allem vor den Kollegen? Ich hatte richtig Panik und konnte mir nichts mehr merken. Ich war jetzt völlig durchgeknallt und war mir sicher, dass ich durchfallen würde. Aber es gab jetzt kein Zurück mehr, ich war angemeldet und musste an der Prüfung teilnehmen. Letzen Endes schaffte ich es noch, mich mit Hilfe der progressiven Muskelentspannung zu beruhigen.

Michael fuhr mich am Prüfungstag zum Gesundheitsamt, das für unseren Kreis zuständig war, dieses war fast 50 Km entfernt. Es war jetzt Herbst und etwas neblig. Die Prüfung startete um 9.30 Uhr, also fuhren wir früh genug los, um nicht schon auf dem Weg unter Stress zu gelangen. Als wir ankamen waren schon einige andere Prüflinge dort und wir machten uns teilweise bekannt. Alle waren sehr aufgeregt. Auch die Naturheilkundler, hatten mit uns Psychotherapeuten, Prüfungstermin. Es wurde dann erzählt, dass bei dem letzten Prüfungstermin im Frühjahr die Durchfallquote sehr hoch gewesen war.

Das schürte noch mehr Unsicherheit. Ein Mitarbeiter des Gesundheitsamtes rief uns dann alle in den Prüfungsraum, dort stellte er die anwesenden Mitarbeiter und deren Tätigkeitsbereiche vor, danach wurden die Prüfungsbögen mit den Fragen verteilt.

Ich beruhigte mich und fing an, mir die Prüfungsfragen durchzulesen. Ich beantwortete zuerst die Fragen auf die ich eine sichere Antwort wusste, die anderen Fragen ließ ich erst mal offen und beantwortete sie später. Nach gut einer Stunde war ich mit dem Ausfüllen fertig und verließ den Raum. Ich unterhielt mich noch mit anderen Prüflingen und war mir nicht sicher, dass ich bestanden hatte. Uns wurde vorher erklärt, dass die Auswertung der Prüfungen einige Tage dauern würde und wir dann telefonisch oder per Mail benachrichtigt würden. Jetzt fing das Bange Warten auf das Ergebnis an. Mit einer der Leidensgenossinnen, Anja, tauschte ich die Telefonnummern aus und wir wollten in Kontakt bleiben. Wenn ich diese Prüfung bestanden hätte, würde in ca. sechs Wochen noch die mündliche Prüfung anstehen.

Ich ging zum Auto, in welchem Michael auf mich wartete und wir fuhren nach Hause. Ich war froh, wenigstens diese Prüfung hinter mir zu haben und hoffte natürlich, dass ich nicht durchgefallen war.

Inzwischen war aus dem zuvor nebligen, düsteren Herbstwetter ein wunderschöner, sonniger Herbsttag geworden. Später telefonierte ich noch mit Britt, sie hatte inzwischen einen Anruf bekommen, mit der Bestätigung, dass sie die Prüfung bestanden hatte. Sie war sehr froh und erleichtert und ich freute mich mit ihr. Am nächsten Tag ging ich wieder zur Arbeit und der normale Wahnsinn hatte mich zurück. Einige Tage später rief Anja an und erzählte mir, dass sie beim Gesundheitsamt angerufen hatte um ihr Ergebnis zu erfragen, sie hatte bestanden. Jetzt hielt auch mich nichts mehr und ich griff zum Telefon, um beim Gesundheitsamt nachzufragen. Der Mitarbeiter dort, mit dem ich schon einige Male vor der Prüfung telefoniert hatte, machte es spannend und teilte mir dann mit, dass ich bestanden hatte und das noch eine schriftliche Bestätigung mit der Einladung zur mündlichen Prüfung folgen würde. Was für eine Freude und Erleichterung, ich hatte tatsächlich mein Teilziel erreicht und bestanden, ich konnte es noch gar nicht fassen. Ich telefonierte dann mit Britt und Anja um dieses Glücksgefühl zu teilen und beide freuten sich mit mir, genauso wie Jasmin, Michael und meine ganze Familie. Jetzt bereitete ich mich immer weiter auf die mündliche Prüfung vor, die in fünf Wochen stattfinden sollte.

Im Bildungshaus liefen die Vorbereitungen für das neue Reha-Projekt, in welchem ich auch mit eingeplant war, auf Hochtouren. Für dieses Projekt war eine neue Mitarbeiterin eingestellt worden, welche erst einige Tage vor dem Start des Projektes, ihren ersten Arbeitstag im Bildungshaus haben sollte. So bereiteten Isabell und ich schon mal die Formalitäten und Infobroschüren für die neuen Teilnehmer vor.

Ich hatte jetzt noch ein paar Tage Urlaub, vor der mündlichen Prüfung und alle meine Kollegen und die Chefinnen wünschten mir viel Glück. Am Tag vor meiner Prüfung hatte Britt bereits den Termin zu ihrer Prüfung, ich wartete gespannt auf ihren Anruf. Sie meldete sich dann und teilte mir voller Freude und Stolz mit, dass sie bestanden hatte. Sie durfte sich jetzt tatsächlich

„Heilpraktikerin für Psychotherapie" nennen, was für ein Erfolg. Ich gratulierte ihr und hoffte, dass ich die Prüfung auch bestehen würde.

Dann war es soweit, der Prüfungstag hatte begonnen, mein Termin war für 16.30 Uhr angesetzt, zusammen mit Anja. Wir hatten uns verabredet um uns am Gesundheitsamt zu treffen. Jasmin hatte sich an diesem Tag frei genommen, um mich zu begleiten. Es war wieder ein wunderschöner, sonniger Herbsttag, wie er schöner nicht hätte sein können. Die positiven Energien waren mit uns.

Jasmin und ich fuhren gegen Mittag los, wir wollten vorher noch einen Stadtbummel machen, in der Stadt wo sich das Gesundheitsamt befand und wir vor einigen Jahren mal gewohnt hatten.

Wir bummelten durch die Geschäfte und die Fußgängerzone, probierten Kleidungsstücke an und kauften sogar welche. Zum Schluss setzten wir uns noch in ein Café und aßen etwas, ein rundum gelungener Tag und irgendwie auch eine Reise in die Vergangenheit. Doch dann zurück zur Prüfung und zum Gesundheitsamt, dort warteten wir auf Anja, die auch bald ankam. Wir mussten noch einige Zeit warten, da vor uns noch die Naturheilkundler geprüft wurden. Die kamen dann kopfschüttelnd aus dem Raum und waren wohl durch die Prüfung gefallen.

Anja, ich und eine weitere Anwärterin wurden dann zur Prüfung gerufen. Im Raum herrschte eine angenehme Atmosphäre, die Prüfer stellten sich uns vor und wir stellten uns den Prüfern vor. Dieses Procedere gehörte schon zur Prüfung. Danach wurden wir nacheinander zu verschiedenen Themen befragt. Als einer der Prüfer anfing den dritten Durchgang der Befragung zu starten, schritt eine andere anwesende Prüferin ein und erklärte, dass sie genug gehört hatte und auch irgendwann mal nach Hause wollte. Die Prüfer einigten sich dann, dass sie die Prüfung beenden würden uns schickten uns aus dem Raum, zur Beratung. Im Wartebereich saß Jasmin und war gespannt, wir auch. Wir hatten alle drei unsere Fragen gut und kompetent beantwortet und hatten die Prüfungssituation als sehr angenehm empfunden. Nach nicht mal fünf Minuten wurden wir wieder in den Raum gerufen und die Prüfer gratulierten uns dreien zur bestanden Prüfung, es war einer der schönsten Momente der letzten Jahre für mich. Ich konnte es gar nicht fassen, die Anspannung ließ langsam nach. Jasmin freute sich mit uns und gratulierte uns auch. Überglücklich und erleichtert rief ich Michael an und erzählte ihm von meinem Erfolg, dann fuhren Jasmin und ich nach Hause. Daheim angekommen stießen wir erst mal mit Sekt auf die bestandene Prüfung an, dann schrieb ich Britt eine SMS mit dem Inhalt „Bestanden“. Ich war so glücklich und stolz wie schon lange nicht mehr.

Es war vollbracht, die zwei Jahre Ausbildung und das intensive Lernen wurden belohnt, ich war jetzt „Heilpraktikerin für Psychotherapie“.

---

25 Der Anfang vom Ende?

Am Tag nach der bestandenen Prüfung fuhr ich vollgepackt mit Glückshormonen zur Arbeit, ich war erleichtert und voller Tatendrang, ich glaube, dass ich einen totalen Adrenalinüberschuss hatte, es war ein schöner Zustand, voller Antrieb und Motivation.

Meine Kollegen gratulierten mir und Herr Meyer erwartete mich schon, so die Aussage von Isabell. Ich setze mich dann mit Herrn Meyer in Verbindung und er wollte sofort mit mir sprechen, er sagte, dass es sehr wichtig sei. Als ich sein Büro betrat, fragte er mich, wie die Prüfung gelaufen sei, dann freute er sich über meinen Erfolg und gratulierte mir. Er wirkte sehr aufgepeitscht. Dann kam er zum Thema, er erzählte, dass die neue Kollegin, welche extra für das neue Reha-Projekt eingestellt worden war, abgesagt hatte. Das machte ihm viel Stress, denn immerhin sollte dieses Projekt in ca. einer Woche starten und es gab keinen Mitarbeiter im Haus, der dafür zur Verfügung stand. Nun wie sollte ich das ändern? Nach einem kurzen Gespräch kam er auf den Punkt und teilte mir mit, dass er der Meinung war, dass ich die Projektleitung übernehmen sollte. Er fragte mich, ob ich mir das vorstellen könnte, ich fragte ihn konkret nach den Aufgaben die da auf mich zukommen würden und er erklärte mir das Aufgabengebiet und das mich die Kollegen, die bereits in diesen Projekten gearbeitet hatten, unterstützen würden und auch er mir immer hilfreich zur Seite stehen würde.

Ihm würde niemand einfallen, der besser für diese Aufgabe geeignet wäre, sagte er und gab mir einige Stunden Bedenkzeit. Später sollte dann noch ein Gespräch mit der stellvertretenden Leiterin unseres Hauses stattfinden.

Wow, auch hier so eine Erfolg und so ein rascher Aufstieg, diese Aufgabe reizte mich schon sehr, aber es wäre auch eine große Verantwortung.
Beim späteren Termin mit der vertretenden Chefin, erklärte ich das auch so. Ich sagte, dass ich mich geschmeichelt fühlte, dass man mir diese Aufgabe zutraute und ich Herausforderungen mag, das ich diese Aufgabe gerne übernehmen würde, mir aber nicht sicher war, ob ich alles so erfüllen könnte, wie es erwartet würde. Darauf hin, wurde mir zugesichert, dass man sich darüber im Klaren wäre, dass ich ein Neuling in dieser Branche war und ich jede Unterstützung, die ich brauchte bekommen würde. Die beiden versicherten mir, dass ich mir keine Sorgen machen müsste. Die Chefin bat mich, das Ganze erst einmal zu Überschlafen, und ihr dann morgen Bescheid zu geben, ob ich diese Aufgabe übernehmen wollte.
Herr Meyer lobte mich und meine Arbeit im Haus übermäßig und erklärte mir, dass es eine große Chance für mich wäre hier fest Fuß zu fassen und meinen Arbeitsplatz für die Zukunft zu sichern, meine Zweifel des Scheiterns, rückte er in weite Ferne.
Dieser Tag verlief wie in Trance und die Glückshormone wollten sich einfach nicht mehr abbauen. Ich redete mit Isabell über die Situation, immerhin leitete sie das aktuelle Projekt und sie erzählte mir davon, so dass ich mir ein etwas besseres Bild von dem Aufgabengebiet machen konnte. Es war wirkliche eine Herausforderung, aber ich habe Herausforderungen noch nie gescheut. Am

Abend redete ich noch mit Michael darüber, doch die Entscheidung musste, wie immer, ich alleine treffen und das tat ich dann auch.
Am nächsten Tag fand dann noch mal ein Gespräch mit Herrn Meyer und der vertretenden Chefin statt, in dem sie meine Entscheidung hören wollten. Ich entschied mich dafür, diese Herausforderung anzunehmen und sagte zu, allerdings nur unter der Bedingung, dass ich meinen geplanten und gebuchten Urlaub, der in ca. sechs Wochen sein sollte, auch antreten durfte. Beide waren sichtlich erleichtert über meine Zusage und freuten sich darüber, sie versicherten mir auch, dass ich meinen Urlaub, wie besprochen antreten könnte. Danach hatte ich noch ein stundenlanges Gespräch mit Herrn Meyer, in welchem er mir genaue Anweisungen und Tipps für das neue Projekt gab, er wies Isabell an, mir bei allen Fragen hilfreich zur Seite zu stehen und mit mir zusammen die Vorbereitungen zu treffen. Des Weiteren wurden Termine mit anderen Kolleginnen vereinbart, die Erfahrungen in den Vorgänger-Projekten gesammelt hatten. Es war jetzt noch eine Woche Zeit, dann würde mein Projekt starten. Außerdem wurde mir nahe gelegt meine Arbeitszeit von bis jetzt 24 Stunden in der Woche auf 30 Stunden zu erhöhen, um dieses Arbeitspensum schaffen zu können, auch darauf ließ ich mich ein. Zum Glück war heute Freitag und ich konnte am Wochenende erst mal alles sacken lassen und versuchen, einen klaren Kopf zu bekommen.

An diesem Wochenende gelang es mir dann langsam meine Gedanken zu sortieren. Herr Meyer hatte mich von jetzt auf gleich auf einen Thron gesetzt, von dem ich auch ganz schnell wieder runter stürzen konnte, das war mir klar. Ich hoffte nur, diesen Ansprüchen jetzt auch gerecht werden zu können.

Von einigen Kollegen hatte ich bereits erfahren, dass Herr Meyer sehr großen Gefühlsschwankungen unterlag und dadurch schon sehr viele Kollegen hier ins Unglück gestürzt hatte. Ich versuchte deshalb, eine gesunde Distanz zu ihm zu wahren.

Die ganze Woche durch führte ich Gespräche mit Herrn Meyer und anderen Kollegen, die mich gewissermaßen in die Materie einarbeiteten. Ich musste mich intensiv mit dem Konzept des Projektes beschäftigen und sämtliche Vorbereitungen für dessen Beginn treffen. Ich musste mich auf erwachsene Menschen einstellen, die aus gesundheitlichen Gründen ihren Beruf nicht mehr ausüben konnten und jetzt neue Perspektiven suchten, die hier erarbeitet werden sollten. Ich musste auch Termine mit Honorardozenten vereinbaren, die in diesem Projekt unterrichten sollten. Das alles war komplettes Neuland für mich, aber ich wollte das schaffen.
Außerdem waren da noch die Vorbereitungen für den „Tag der offenen Tür" des Bildungshauses, ich musste Zubehör für meine Entspannungsübungen besorgen, also außer Haus tätig sein und Einkäufe erledigen. So etwas kannte ich aus meinem bisherigen Berufsleben überhaupt nicht. Also musste ich auch da nachfragen, wie das organisiert werden musste, ob ich einfach losfahren kann, ob ich den Dienstwagen nutzen kann, usw. Die nächste Zeit wurde sehr stressig für mich, aber das schreckte mich nicht ab.

Ich hatte ein wenig Angst vor dem Tag, an dem die Teilnehmer des Projektes ihren Lehrgangsbeginn hatten, denn der erst Eindruck, den sie von mir hatten war wohl maßgebend für den Verlauf und Erfolg des Projektes.

Dieser erste Tag verlief gut, genauso wie auch die darauffolgenden Tage. Wir lernten uns erst mal alle kennen, dann folgten Workshops mit mir und anderen Kollegen und nach sechs Wochen sollten die Teilnehmer in die erste Praktikumsphase gehen. Das bedeutete für mich, den Teilnehmern dabei zu helfen, Praktikumsstellen zu finden. Das war keine leichte Aufgabe aber ich hatte eine Liste mit Kooperationsfirmen von meinen Kollegen bekommen und viele Ratschläge. Ich hatte also sehr viel zu tun und es machte mir trotzdem Spaß.

Da ich bei all diesem Stress ziemlich ruhig blieb, deutet Herr Meyer dieses Verhalten so, dass er der Meinung war ich würde den Ernst der Lage nicht erkennen und das Projekt unterschätzen. Ich erklärte ihm, dass es keinen guten Eindruck machen würde, wenn ich als Burn-Out-Beraterin und Entspannungstrainerin selbst wie ein Nervenbündel und total gestresst vor den Teilnehmern auftreten würde, und das ich außerdem Strategien gelernt hatte um mit solchen Situationen ruhig umgehen zu können. Irgendwie konnte er das nicht verstehen und nach einiger Zeit merkte ich, dass er mir diesen Job nicht mehr zutraute, obwohl ich die Arbeiten gut erledigt hatte und auch die Teilnehmer mit mir zufrieden waren. Ich bekam mit, dass er bei den anderen Kollegen seine Zweifel äußerte, anstatt mit mir zu reden.
Fast alle meine Teilnehmer hatten Praktikumsplätze gefunden und so konnte ich mich auf meinen Urlaub freuen.

Michael und ich hatten eine Kanaren Kreuzfahrt gebucht, es war die erste Kreuzfahrt für uns und wir freuten uns sehr darauf. Ich konnte erstmals seit Jahren auf ein beruflich erfolgreiches Jahr zurückblicken und war stolz darauf. Michael hatte einen neuen Job gefunden und Jasmin war momentan auch stabil, sie bereitete sich schon auf ihre Abschlussprüfung als Altenpflegehelferin vor, die im Frühling des kommenden Jahres stattfinden sollte. Alles in allem war jetzt mal einigermaßen Ruhe und Frieden bei uns eingekehrt. Ich fand, dass wir uns diesen Zustand auch verdient hatten.

Endlich war es soweit, der letzte Arbeitstag vor dem Urlaub und meine Teilnehmer würden in den nächsten drei Wochen, also bis zu den Weihnachtsferien in ihr Praktikum gehen. Also machten wir uns einen lockeren, stressfreien Tag. Wir zogen ein erstes Resümee des Projektes und das fiel auch sehr positiv aus. So konnte ich beruhigt und zufrieden in meinen Urlaub gehen, dachte ich jedenfalls, bis mir Herr Meyer über den Weg lief. Er zweifelte sehr an meinem Projekt und ließ mich das auch wissen.
Ich verabschiedete mich und trat meinen Urlaub dann doch mit gemischten Gefühlen an, ich merkte, dass etwas in der Luft lag und das bescherte mir irgendwie Unbehagen. An diesem Abend fand die Weihnachtsfeier des Bildungshauses statt, an der ich aber nicht teilnahm, da unsere Reise am nächsten Morgen schon sehr früh losging, Herr Meyer äußerte auch hierüber Kritik.

Die Vorfreude auf die Kreuzfahrt überwog jedoch und die Spannung stieg. Wir fragten uns, was uns auf dem Schiff wohl erwarten würde, ob wir vielleicht seekrank sein würden, ob es langweilig werden könnte an den Seetagen, ob die Kabine auch nicht zu klein sein würde usw. Wir waren in freudiger Erwartung und das war gut und schön so.

Zu Hause wurden noch die letzten Kleidungsstücke in unsere Koffer gepackt und am nächsten Morgen ging es ganz früh los Richtung Flughafen. Beim Check-In bemerkten wir, dass fast alle Passagiere dieses Fluges mit auf unser Schiff kommen würden und in der Warteschlange kamen wir schon mit anderen Kreuzfahrern ins Gespräch. Diese berichteten uns von ihren Kreuzfahrten und erzählten nur positives. So stieg unsere Vorfreude und Spannung immer weiter. Ich hatte schon seit meiner Kindheit, als ich mir mit meinen Eltern die ersten Traumschifffolgen im Fernseher ansah den Wunsch, irgendwann einmal selbst auf Kreuzfahrt zu gehen, und jetzt war es soweit, wir waren auf dem Weg zum Kreuzfahrtschiff. Es war ein Traum, der in Erfüllung ging, eigentlich hatte ich nie damit gerechnet, dass dieser Traum je wahr werden könnte, doch jetzt war es tatsächlich soweit. Traumhaft, und sowas von aufregend. Wir waren beide richtige Kreuzfahrtfans geworden und sahen uns jede Folge von „Verrückt nach Meer" im Fernsehen an.

Wir flogen von Frankfurt nach Gran Canaria, nach einem angenehmen Flug ging es mit dem Bus zum Hafen und dort wartete schon unser Schiff auf uns. Es war groß und imposant, die Aida strahlte über das ganze Gesicht und wir auch. Wir standen vor dem riesigen Schiff und konnten es kaum fassen. Hier auf Gran Canaria war es warm und schön, bei uns war kalter Winter.

Wir checkten dann erst mal ein und machten uns dann auf die Suche nach unserer Kabine, wir waren auf Deck 9 einquartiert. Die Suche gestaltete sich als schwierig, da es nicht einfach war, sich auf einem so großen Schiff zu orientieren, wenn man das erst Mal dort war. Als wir die Kabine gefunden und bezogen hatten, machten wir uns frisch und erkundeten danach das Schiff. Es war wunderschön, sehr sauber und so neu. Auch die Betten, die ich in den meisten Hotels kritisiert hatte waren hier vollkommen in Ordnung und bequem, wir hatten eine schöne Balkonkabine und fühlten uns hier auf Anhieb sehr wohl. Das Schiff würde erst in einigen Stunden, am Abend ablegen, wir suchten jetzt erst mal eines der Restaurants auf um etwas zu essen und gingen dann nochmal von Bord um uns an Land noch etwas umzusehen, wir machten einen Spaziergang durch Las Palmas de Gran Canaria, denn hier waren wir noch nie gewesen.

Am Abend legte die Aida dann mit lautem Getöne ab und wir standen auf unserem Balkon und erlebten das erste Ablegemanöver, dass wir sonst nur aus dem Fernseher kannten. Auch das war ein tolles Erlebnis und wir bewegten uns jetzt in Richtung Madeira.

Nach einem erlebnisreichen Seetag legten wir dann in Madeira an und machten einen Ausflug, der sehr schön und informativ war, danach fuhren wir nach Lanzarote, Teneriffa und La Palma und machten dort verschiedene Ausflüge mit, um die Inseln kennen zu lernen. Die Reise war rundum gelungen und erholsam. Wir sammelten viele Eindrücke und hatten eine wunderschöne Woche auf dem Schiff. Auch die Seetage waren sehr abwechslungsreich gestaltet, hier gab es alles, was das Herz begehrte und die abendlichen Show-Events waren sehr unterhaltsam.

Ich telefonierte jeden Tag mit Jasim, eines Abends rief sie mich sehr aufgeregt an und erzählte, dass unsere Hündin Lilly sehr unruhig und aufgeregt sei und kaum essen würde, da machte ich mir sehr große Sorgen um Lilly. Jasmin brachte sie morgens zu meiner Tante, weil sie ja selbst zur Schule musste und Lilly nicht so lange allein sein konnte. Lilly hatte Angst vorm Autofahren und offensichtlich stresste sie das jetzt so sehr, dass sie sich nicht mehr beruhigen konnte, inzwischen bellte sie Jasmins Auto dauernd an. Wir beschlossen dann, dass Lilly tagsüber zu Hause bleiben sollte und fragten unsere Nachbarn, ob sie Lilly zwischendurch mal raus lassen würden, damit sie ihr Geschäft verrichten konnte. Das klappte dann auch ganz gut und Lilly beruhigte sich schnell wieder.

Diese Reise war wunderschön, doch leider dauerte sie nur eine Woche und wir mussten die Heimreise wieder antreten.
Wir wurden dann wieder zum Flughafen gebracht und flogen zurück in die Kälte, wirklich übel.

Daheim angekommen hatten wir noch einen Tag lang Zeit um uns zu akklimatisieren und dann ging auch die Arbeit wieder los, ich hatte kein gutes Gefühl bei dem Gedanken wieder ins Bildungshaus zu fahren, ich wurde das Gefühl nicht los, das dort irgendwas ungutes im Gange war.

Während der Kreuzfahrt konnte ich diese Gedanken ganz gut verdrängen, doch jetzt kam die Unsicherheit zurück, was würde mich da wohl erwarten? Als ich dann am Montagmorgen in meinem Büro angekommen war begrüßte mich Isabell mit den Worten: „Du sollst dich gleich bei Herrn Meyer melden, er muss dringend mit dir sprechen". Also rief ich ihn an und ging dann auch sofort zu ihm. Er teilte mir dann mit, dass ich das Projekt nach dem Weihnachtsurlaub abgeben sollte, an wen wisse er noch nicht genau, jedenfalls dürfe ich die Teilnehmer nicht weiter begleiten. Als ich ihn nach dem Grund fragte, bekam ich keine Antwort. Auch auf die Frage ob sich in dieser Woche irgendwelche Probleme ergeben hätten bekam ich keine Antwort. Daraufhin wurde meine Unsicherheit natürlich noch größer, was war los? Was habe ich falsch gemacht? Mir fiel keine Antwort ein. Ich ging dann zu meiner früheren Teamleiterin Sigrid, und fragte sie, ob Herr Meyer mit ihr gesprochen hatte, doch auch sie war nicht im Bilde. Sie versuchte mich dann zu beruhigen, indem sie mir erklärte, dass mein Platz in ihrem Team immer noch nicht neu besetzt sei und ich diesen wieder übernehmen könnte. Sie hätte genug Arbeit für mich und wäre froh wenn ich dort wieder mitarbeiten würde. Sigrid wollte sich darum kümmern und mit der Chefin klären, ab wann und in welchem Umfang sie mich wieder einsetzen könnte. Das beruhigte mich wirklich ein bisschen.

Herr Meyer beauftrage mich, mein Projekt für die Übergabe Anfang Januar vorzubereiten, da war noch jede Menge zu tun und das ließ er mich auch immer wieder wissen. Ich musste für jeden der Teilnehmer einen Verlaufsplan schreiben, mit Beurteilung und Zielsetzung. Für den letzten Tag vor dem Weihnachtsurlaub musste ich noch ein Programm mit der Gruppe planen. Herr Meyer versuchte von da an jedes Zusammentreffen und jede Kommunikation mit mir zu vermeiden, das war mir auch recht so, ich legte keinen Wert darauf mit ihm zu reden. Er ließ mir seine Anordnungen per Mail oder durch Isabell zukommen.

Auch Sigrid bekam keine Antworten auf ihre Fragen bei der Chefin, was meinen weiteren Aufgabenbereich anging, so zweifelte ich langsam daran, dass ich hier die Probezeit überleben würde. Wenn ich mit Kollegen über meine Situation redete meinten die nur, Herr Meyer sei halt sehr launisch und keiner würde Wert darauf legen mit ihm zusammen zu arbeiten, es gäbe doch auch außerhalb seinem Bereich genug Arbeit, ich würde bestimmt anderweitig eingesetzt. Das hörte sich alles ganz gut an, doch mein Bauchgefühl sagte mir etwas anderes.

Ich vergrub mich dann in meine Arbeit, um das Projekt wenigstens ordnungsgemäß zu übergeben und freute mich auf die Entlastung, die diese Maßnahme mit sich brachte, dass ich wieder weniger Stunden arbeiten konnte und so wieder mehr Zeit für meine Praxen hatte.

Dann kam der letzte Tag vor dem Urlaub und somit der letzte Tag mit meinen Teilnehmern, ich durfte ihnen noch nicht mittteilen, dass sie ab Januar eine neue Kursleitung hatten, also tat ich so, als ob nichts sei. Wir gingen zusammen auf den Weihnachtsmarkt und ich erledigte noch die letzten Schriftlichkeiten für dieses Jahr. Danach verabschiedete ich mich noch von den Kollegen, die ich wirklich sehr gerne mochte, und sie mich auch. Ich wünschte der Chefin noch schöne Feiertage und fuhr dann nach Hause.

Endlich wieder Urlaub, obwohl die Kreuzfahrt erst wenige Wochen her war, war ich schon wieder richtig gestresst. Die Unstimmigkeiten im Bildungshaus, bzw. mit Herrn Meyer haben mich doch sehr mitgenommen. Sollte mit Ende dieses Jahres der ganze berufliche Erfolg auch zu Ende gehen?
Das schlimme daran war, dass ich mir keiner Schuld bewusst war und mir auch keiner irgendwelche Fehler, die ich gemacht hätte vorgeworfen hatte. Somit gab man mir auch nicht die Gelegenheit etwas zu verändern oder zu verbessern. Ich glaube, dass Herr Meyer aus irgendeinem Grund ein Problem mit mir hatte.

Wir bereiteten uns jetzt auf die Feiertage vor, wie jedes Jahr bekochten wir einen Teil der Familie und verbrachten so die Feiertage.
Am Wochenende vor Weihnachten waren wir bei Andrea zum Essen eingeladen, sie konnte einfach gut kochen und ihr Essen schmeckte immer sehr gut, auch dieses Mal. Wir verbrachten einen schönen Tag zusammen und fuhren am Abend wieder nach Hause.
Den Heiligen Abend verbrachten Jasmin ihr Freund mit uns, die Stimmung war wie immer, wenn Jasmin und Michael sich in einem Raum befanden, angespannt.

Den ersten Feiertag nutzten wir, um Michaels Vater im Pflegeheim zu besuchen und am zweiten Feiertag kamen meine Mutter und Christine zum Essen.

Jasmin musste zeitweise arbeiten, das war auch gut so, denn zu ihrem Vater hatte sie ja seit dem Unterhaltsprozess keinen Kontakt mehr, das belastete sie immer noch sehr. Darüber war sie sehr traurig, auch wenn sie das nicht zugab, merkte ich ihr das an.

Die Feiertage waren sehr ruhig und relativ harmonisch verlaufen so konnten wir alle wieder Energie tanken für das neue Jahr.

---

26 Zurück im Hier und Jetzt

Es ist der erste Samstag im neuen Jahr und ich sitze frustriert zuhause, der liebe Michael ist mal wieder in den Wald um Holz zu machen, mit dem wir dann schön unseren Ofen im Wohnzimmer heizen können.
Wir wohnen jetzt schon seit dreieinhalb Jahren in seinem Haus auf dem Land, welches wir vom Keller bis zum Dach komplett renoviert und saniert haben.
Ich fühle mich hier in diesem Ort nicht wirklich wohl, wir haben leider nur wenige soziale Kontakte hier gefunden, obwohl Michael hier aufgewachsen ist. Ich fühle mich hier oft sehr einsam und verlassen, ich hatte hier mal Kontakte geknüpft, doch leider sind diese wieder im Sande verlaufen.
Wie sich heraus gestellt hat ist Michael leider ein Einzelgänger und nicht wirklich kontaktfreudig. Seine Familie gibt es hier nicht mehr, die Schwester Andrea hatte dieses Dorf frühzeitig verlassen, die Mutter ist gestorben, der Vater lebt im Altenheim, ist Dement und pflegebedürftig. Mit dem Rest der Familie hatten wir mal einen guten Kontakt, doch das hat sich leider zerschlagen, ich glaube das liegt an meiner Ausbildung zur Psychotherapie. Die Wahrheit will keiner hören, wenn man jemandem von seinen Problemen und Krankheiten erzählt und dann zur Antwort bekommt, dass man selbst etwas dagegen tun muss, um diese zu bewältigen, das gefällt niemandem. Seit ich diese Leute nicht mehr uneingeschränkt bedauere und versuche ihnen beizubringen, dass man für sich und seine Gesundheit Verantwortung

übernehmen muss und nicht nur Tabletten schlucken soll, meiden sie mich merklich. Doch wenn ich ein Problem habe, ist für mich auch keiner da.
Wenn ich in die Stadt fahren will oder zu meiner Mutter sitze ich mindestens eine halbe Stunde im Auto, meistens lass ich das dann und bleibe frustriert daheim.

Jasmin liegt noch im Bett mit ihrem Freund. Michael tut seit Jahren alles um sie fort zu ekeln, wenn sie auszieht bin ich noch einsamer hier, doch ihn stört das nicht.
Ich habe mich schon oft gefragt, ob ich nicht wieder in die Stadtwohnung ziehen soll. Hier bin ich jedenfalls nicht glücklich und ich werde es auch vermutlich nie werden.

Das letzte Jahr war wirklich sehr erfolgreich für mich gelaufen. Obwohl mich der neue Job zuletzt sehr viel Energie gekostet hatte, vor allem die Tatsache, dass ich von meinem Thron gestoßen wurde auf den mich Herr Meyer gesetzt und nun eigenhändig gestoßen hatte und ich die Leitung meines Projektes jetzt im Januar abgeben muss, ohne mir die wirklichen Gründe dafür mitzuteilen. Das macht die Sache für mich unbefriedigend und unverständlich.
Das Ganze bedeutet nun etwas weniger Arbeitszeit und weniger Stress, deshalb bin ich nicht mehr böse darüber, nur die Gründe hätten mich wirklich interessiert. So ist auch diese Situation für mich nicht befriedigend.

Meine nebenberufliche Praxis läuft leider nicht gut so gut wie es mir wünsche, schade, ich war so optimistisch. Manchmal denke ich mir, ich sollte diese Praxis aufgeben. Im August habe ich in meiner Stadtwohnung eine Filiale eröffnet, weil ich dachte, in der Stadt läuft so eine Praxis besser, aber auch das hat nichts geholfen und kostet nur Geld. Vielleicht sollte ich diesen Traum von der Selbstständigkeit aufgeben?!?

Im Moment habe ich das Gefühl, egal was ich anfange, es wird nichts. Der Job, die Ehe, das ganze Leben. Ja, man könnte es eine depressive Phase nennen. Mir fehlen die Zuversicht und der Antrieb.
Wenn ich Erfolg habe, kann ich Berge versetzen, doch leider bleiben diese Erfolge aus.
Ich habe wirklich viel Energie, Zeit und Geld investiert, doch der Lohn dafür bleibt immer noch aus.

Jasmin macht im nächsten viertel Jahr ihre Prüfungen zur Altenpflegehelferin. Ich hoffe sie besteht alles, denn auch sie braucht Erfolgserlebnisse.

Da es im Job, auch nach den Weihnachtsferien, einfach nicht rund laufen will und mir die Chefin eine bereits zugesagte Fortbildung, welche mir persönlich nichts bringen wird, die ich aber bereit war für meine Tätigkeit hier zu machen, abgesagt hat, habe ich seit einigen Tagen ein mulmiges Bauchgefühl. Ich denke, dass ich die Probezeit hier nicht überstehe, meine Kollegen verstehen diesen Gedanken überhaupt nicht und sehen auch keinen Anlass dafür.

Trotzdem lässt mich dieser Gedanke nicht mehr los und belastet mich sehr, eine Kollegin rät mir zu einem Gespräch mit der Chefin, sie meint diese sei sehr offen und ehrlich. Alles wäre besser als mich krank zu machen. Recht hat sie ja. Ich bemerke schon wieder Schlaflosigkeit und Magenschmerzen. Naja nichts Unbekanntes für mich. Ich weiß dass ich diese Situation klären muss.

Meine Ausbildungen und die Selbstständigkeit habe ich schließlich angefangen, um solchen Situationen zu entgehen und mein Arbeitsleben selbst zu bestimmen. Ich will eigentlich gerne für mich und nach meiner Vorstellung arbeiten. Das ist immer noch mein Ziel und solche Momente bestärken mich wieder, etwas für das Erreichen dieses Zieles, zu tun.

Ich bitte also die Sekretärin um einen Termin mit der Chefin, welcher auch prompt zustande kommt, wie schön. Ich hoffe natürlich, dass dieser positiv verläuft und ein gutes Ergebnis mit sich bringt.

Was soll ich sagen? Ich erkläre der Chefin meine Situation und sage ihr: „Ich bin mir nicht sicher ob ich die Probezeit hier überstehe.“ Und was antwortet sie? „ Ich ehrlich gesagt auch nicht.“

Wir unterhalten uns noch über sämtliche Vorkommnisse und sie schlägt vor, dass wir noch mal in nächster Zeit darüber reden.

Ich gehe mit gemischten Gefühlen aus dem Gespräch ins Wochenende und wünsche mir nun fast gekündigt zu werden, um mich voll und ganz meiner Psychotherapie-Praxis widmen zu können.

Nach dem Wochenende geht das Dilemma weiter, Unsicherheit für mich und manche Kollegen, die gerne wissen würden, ob sie mich weiter einplanen können, denn Arbeit ist genug da.

Ich taumele so umher und warte nur auf eine Entscheidung, das kotzt mich immer mehr an und versetzt mich in eine Anti-Stimmung. Mir kommt sogar der Gedanke, die Chefin um die Kündigung zu bitten, damit ich wenigstens etwas Arbeitslosengeld bekomme und mich auf meine Praxis konzentrieren kann, anstatt wieder selbst im Burn-Out zu landen.

Privat plätschert alles so vor sich hin, keine besonderen Vorkommnisse. Jasmin ist mit den Prüfungsvorbereitungen, mal mehr und mal weniger, gestresst. Naja das Übliche halt.

Es ist mal wieder Freitag, Gott sei Dank. Oh eine E-Mail von der Chefin, sie will einen Termin mit mir, endlich. Heute um 14.00 Uhr, toll, da hab ich eigentlich schon Feierabend, aber was sein muss, muss sein. Ich stimme dem Termin zu und bitte meine Teamleiterin Sigrid mitzukommen. Es stellt sich eine Endzeitstimmung bei mir ein, meine Probezeit dauert nur noch drei Wochen, die Kündigungsfrist beträgt nur zwei Wochen. Der Tag wird unendlich lange für mich, ich kann mich auf nichts mehr konzentrieren. Die Stunden und Minuten ziehen sich ins unendliche.

Ich rede mit einigen Kollegen über die Situation und keiner versteht meine Unsicherheit.
Mein Telefon klingelt, Jasmin ist dran, sie sagt mir, dass ein Brief von der Firma gekommen ist, ein brauner Umschlag. Sie meint: „ Es sieht aus wie die Kündigung."
Ich bitte sie ihn zu öffnen, und es ist die Kündigung. Ich berichte Sigrid davon, sie ist sprachlos.

Jetzt ist es gleich soweit, mir wird schon ganz flau im Bauch. Sigrid und ich gehen zu dem Termin. Dort sitzen die Chefin und der hinterlistige Koordinator Herr Meyer. Beim Eintreten in das Büro der Chefin sage ich: „ Ich habe die Kündigung soeben erhalten."
Die Chefin sieht mich geschockt an und sagt: „ Schon? Ich wollte es ihnen jetzt sagen und hatte gedacht, dass die Kündigung erst am Montag bei ihnen ankommt."

Ich frage nach den Gründen, damit ich es nächstes Mal besser machen kann, bekomme aber keine Gründe mitgeteilt. Es gibt also keine Gründe???
Man weicht meinen Fragen aus und erklärt mir, dass man großzügiger Weise ins Zeugnis schreiben wird: „Wegen Umstrukturierung das Arbeitsverhältnis beendet zu haben."

Ich hab es ja schon seit dem Urlaub gespürt, dass es darauf hinauslaufen wird.

Die Chefin offeriert mir als kleines Schmankerl, das ich ab sofort daheim bleiben darf und nicht mehr ins Bildungshaus zurückkehren muss, wie toll!!
Ich versuche also meine Gedanken zu sortieren und packe meine Sachen in einen Karton, verabschiede mich dann von den Kollegen, die Freitagnachmittag noch im Büro sind und jetzt auch unter Schock stehen und fahre wie in Trance heim.

Neue Situation, neues Glück??? Ich hoffe das.

Ich bin zwar im Moment dennoch etwas geschockt aber auch erleichtert.

Ich nehme mir vor, mich jetzt voll und ganz um meine eigene Praxis zu kümmern, um dort weiter zu kommen und kein Arbeitsverhältnis mehr annehmen zu müssen.

Oh, ich habe ab jetzt wieder Zeit, und sehr viel zu tun, womit fange ich an? Ich habe so viele Gedanken und Ideen und ganz viele Fragen in meinem Kopf.
Trotz allem bin ich auch traurig, es fühlt sich an wie Versagen, obwohl ich weiß, dass die Schuld nicht bei mir liegt, jemand hat mir einfach zu große Schuhe angezogen und nicht abwarten können, bis ich hinein passe, von Auffangen schon gar keine Spur.

Es ist nicht leicht für mich. Die vielen Fragen nach dem WARUM?

Keine Antworten, kein Richtig, kein Falsch und irgendwie peinlich vor meinen Mitmenschen.

Wie soll es jetzt weitergehen? Welcher ist der richtige Weg?

Ich muss mich jetzt erst mal von den Strapazen der letzten Wochen erholen um einen klaren Kopf zu bekommen und dann sehen, wie ich weiter vorgehen will.
Zeit hab ich ja jetzt erst mal genug, ich bin ja freigestellt, das ist mir noch nie passiert.

Daheim angekommen packt mich die große Depression, die Tränen fließen, die Gedanken ruckeln und wollen nicht klar werden. Ich tröste mich mit meiner Selbstständigkeit. Das ist jetzt meine Chance was daraus zu machen, wenn nicht jetzt, wann sonst????
Die Praxis ist mein Traum und soll jetzt endlich ins Laufen kommen.

Der Kontakt zum Arbeitsamt bleibt mir leider nicht erspart, jetzt geht das wieder los, Bewerbungen für Jobs die ich gar nicht will schreiben, Rechenschaft ablegen. Naja zuerst muss ich mich arbeitslos und arbeitssuchend melden, das geht auch telefonisch, wie schön. Ich bin ja noch drei Wochen beschäftigt, danach muss ich erst hin. Die Frau am Telefon ist sehr nett.

Als nächstes sehe ich mir die Fortbildungsangebote der Heilpraktiker Schule in meiner Nähe an und finde einige interessante Ausbildungen für Entspannungsmethoden, für die ich mich schon lange interessiert hatte, für die ich aber bis jetzt weder Geld noch Zeit hatte. Ich rufe die Schulleiterin an, mit ihr hatte ich schon einige aufbauende Telefonate, und mache einen Termin zum Beratungsgespräch aus. An dieser Schule habe ich bereits die Ausbildung zur Burn-Out-Beraterin gemacht und ein Seminar in Quantenheilung, dort ist immer eine sehr angenehme Atmosphäre und die Seminare sind sehr kurzweilig und gehaltvoll. Die Schulleiterin hat ein sehr gutes Feeling für Menschen, sie ist selbst psychologische Beraterin, gibt Unterricht und hat eine eigene Praxis.

Ich entscheide mich für ein Seminar der Australischen regenerativen Tiefenentspannung, diese ist eine Entspannungsmethode, deren Nachfrage immer größer wird und mit der man sehr gute Erfolge erzielen kann. Diese Methode erweitert mein jetziges Angebot sehr sinnvoll und könnte mir neue Klienten bringen. Genauso die Fußreflexzonenmassage, die ich schon immer gerne mal selbst ausprobieren wollte, ich habe nur bis jetzt noch keinen Anwender in meiner Nähe gefunden.

Nach dem Termin bin ich wieder voller Zuversicht, energetisch voll aufgeladen. Diese Frau hat es einfach drauf meine Ressourcen zu aktivieren, unglaublich. Ich sehe den Weg den ich gehen will genau vor mir und ich werde ihm folgen. Ich bin jetzt nicht mehr aufzuhalten. In nur zwei Wochen geht mein erstes Seminar los und vier Wochen später kann ich mein Angebot erweitern.

Jetzt kümmere ich mich mal um meinen Körper, meine Rückenschmerzen, ich werde mir eine Verordnung zur Krankengymnastik holen, da ist auch noch der Termin bei meiner Frauenärztin, die jährliche Krebsvorsorge steht wieder an. Das ist jedes Jahr Routine, bis jetzt war immer alles in Ordnung, deswegen macht mir dieser Termin keine Angst.

Heute werde ich mal auf die Sonnenbank gehen, mal an mich denken. Gedacht, getan. Das gönne ich mir jetzt öfter. Die Inhaberin des Sonnenstudios ist sehr nett. Wir kommen immer öfter ins Gespräch und sie erzählt mir, dass sie im Nachbarort eine kleine Kneipe betreibt.

Sie berichtet von Musikabenden und dass ihre Schwester ein Café besitzt, in dem eine Autorin, die ein Buch über Burn-Out geschrieben hatte eine Lesung veranstaltete, die sehr gut angekommen ist.

Ich frage, ob wir mal einen Info-Abend über Stress und Burn-Out in ihrer Kneipe veranstalten wollen, hätten wir ja beide was von. Sie stimmt sofort zu und wir vereinbaren bald einen Termin, dann erzählt sie mir noch von einer

Bekannten, die Webdesignerin ist und noch Aufträge annimmt, sie sei recht günstig.

Meine jetzige Website habe ich mir selbst zusammen geschustert, die wirkt, so glaube ich nicht sehr professionell und einladend und wird so gut wie nie besucht. Liegt wohl daran, dass sie schlecht zu finden ist, ich habe schon vieles versucht, konnte sie aber nicht besser positionieren. Hilfe wäre da nicht schlecht, immerhin ist eine Website sowas wie ein Aushängeschild.
Jetzt kommt einiges in Gang und das ist ein schönes Gefühl, zum Glück macht Michael mit und füttert mich durch. Ohne ihn wäre ich verhungert und würde unter einer Brücke leben, dessen bin ich mir sehr wohl bewusst, auch wenn er das nicht glaubt. Überhaupt erträgt er die Situation und mich mit Fassung. Seit er letztes Jahr selbst seinen Job verloren hatte und sich einen neuen suchen musste, wobei ich ihn auch unterstützt habe, kann er meine Situation jetzt wohl ganz gut nachvollziehen. Darüber bin ich wirklich froh und fühle mich nicht ganz so als Versager, immerhin hat er beruflich mit mir schon einiges durchstehen müssen.

Ich setze mich mit der Webdesignerin in Verbindung und wenige Tage später kommt sie zu mir in die Praxis, wir fangen sofort an die neue Website zu gestalten.

Plötzlich kommt Michael zur Tür herein, mit dem Telefon in der Hand, ein Anruf, die Arzthelferin meiner Frauenärztin ist am Telefon. Sie teilt mir mit, dass bei meiner Krebsvorsorge der Abstrich nicht in Ordnung gewesen sei und ich zu einer Kontrolle kommen muss, aber ich solle mir keine Sorgen machen. Wir vereinbaren einen Termin.

Als die Webdesignerin gegangen ist, drehen sich meine Gedanken nur noch um den Abstrich, ich versuche mich nicht aufzuregen, weiß aber auch, dass dieses Ergebnis auf Gebährmutterhalskrebs hinweisen könnte. Was kommt da wohl jetzt wieder auf mich zu???

Ich denke positiv, denn ich habe jetzt so viel vor und das setzte ich auch um!!!

Ende

MIX
Papier aus verantwortungsvollen Quellen
Paper from responsible sources
FSC® C105338

Printed by Books on Demand GmbH, Norderstedt / Germany